궁극의 전쟁사 戰

제1차
세계대전

1

궁극의 전쟁사 戰

제1차 세계대전

1

유럽의 등불이 꺼지다

글 곽작가   만화 김수박

R

글 작가의 말

'현대'를 만들어낸 전쟁

'세계대전'하면 흔히 2차대전을 떠올리는데요. 실은 '대전(Great War)'이란 표현은 1차대전이 기원입니다. 1914년 발발한 세계대전은 최초의 '전면전(total war)'이었고, 유례 없는 대규모 살상전이었습니다. 인류는 1차대전을 통해 비로소 진짜 '현대전'을 경험한 것입니다.

유럽은 나폴레옹전쟁이 끝난 1814년 이후 100년 동안 보불전쟁, 크림전쟁 등 몇 개의 국지전 외에는 큰 전쟁을 겪지 않았습니다. 그동안 유럽인들은 여러 정치적 변화에도 불구하고 과학의 발전과 산업혁명의 성과를 누리며 희망을 품고 살았지요. 유럽에서 "역사가 진보한다"라는 생각이 확고히 자리 잡은 시절도 이때입니다.

하지만 1차대전은 이 모든 희망과 낙관을 한순간에 파괴해버렸습니다. 전쟁은 유럽에서 시작되었지만, 유럽 국가의 식민지이던 아시아와 아프리카, 오세아니아와 아메리카 대륙에서도 병사들이 소집되었고, 전장은 터키의 해협, 아라비아의 사막, 페낭과 사이판, 남아메리카 대륙의 근해까지 번져갔습니다. 이 전쟁은 4년 이상을 끌었고, 병사와 시민 약 2000만 명이 죽고서야 끝났습니다. 전쟁 막바지에 나타난 지독한 역병은 허약해진 인류를 공격하여 또 다른 수천만의 목숨을 앗아갔고요.

인류는 이런 희생을 치르고도 전쟁을 초래한 문제를 완전히 해결하지 못했습니다. 2차대전이 발발한 이유는, 실은 1차대전을 제대로 끝내지 못했기 때문입니다. 따라서 1차대전의 원인과 경과를 이해하지 못하면 2차대전도 이해하기 어렵습니다.

'제1차 세계대전'은 굉장히 큰 사건이기도 하지만, 꽤 복잡한 이야기인데요. 모쪼록 독자들이 만화를 읽는 재미와 역사를 공부하는 보람을 함께 느낄 수 있기를 바라마지 않습니다.

곽작가

만화 작가의 말

어린 시절 저는 서부 영화와 홍콩 누아르 영화를 좋아했고, '총싸움' 좋아하는 소년이었습니다. 그것의 의미를 모른 채, 어른이 되어 돈을 번다면 방 한쪽 벽을 MP5나 AK47로 출발하는 비비탄 총기류로 장식하리라 다짐하며 콜트나 베레타 비비탄 권총에 만족했던 기억이 납니다. 어른이 되고서야 -경제적 여유란 쉽지 않은 법인지- 군 시절 사용했던 K2 장난감 하나 장만해서 기타 옆에 세워 두었습니다. 〈플래툰〉, 〈지옥의 묵시록〉, 〈라이언 일병 구하기〉 등등의 작품성이 짙은 전쟁 영화들을 통해 전쟁의 실상과 일상에서 상상하기 힘든 인간의 본질을 엿보기도 했습니다. 그럼에도 불구하고 만화가로서의 저는 전쟁을 창작의 한 가지 주제로 여겼던 것 같습니다. 무기들의 기능과 모양, 표현의 리얼리티, 입체적인 인간의 심리 등으로 말입니다.

막상 제1차 세계대전을 주제로 한 만화를 만들어 사람들에게 내보이고자 하니 전쟁에 대해서 진지해질 수밖에 없었습니다. 좋은 전쟁, 나쁜 전쟁이란 의미도 보는 시각에 따라 다르겠지만 전쟁은 사람이 죽거나 다치는 일이며, 무기는 사람을 죽이는 도구입니다. 그것에 소위 '마니아'스러운 취향을 드러내는 태도에 대해 다시 한번 생각하게 되었죠. 제1차 세계대전으로 알려진 바로만 2000만 명이 죽었다고 합니다. 고민 끝에 수많은 전투의 모습들이 보는 이에게 괴롭거나 불편하지 않도록 묘사하기로 하였습니다. 또한 역사 지식을 흥미롭게 전달하고자 보다 단순화시킨 캐릭터와 장면으로 묘사하여 친근감을 부여했습니다.

제1차 세계대전은 많은 국가 간의 복잡한 이해관계에서 비롯된 전쟁입니다. 고증을 바탕으로 한 역사와 지식을 알기 쉽게 전달하는데 도움이 되는 것이 '이야기'입니다. 더불어 재미와 감동을 담은 '만화'가 그 역할을 할 수 있다고 믿습니다.

이 만화를 편하게 보셨으면 좋겠습니다. 쉽고 자연스럽게 흥미로운 제1차 세계대전에 대한 지식과 의미가 담길 것입니다.

김수박

차례

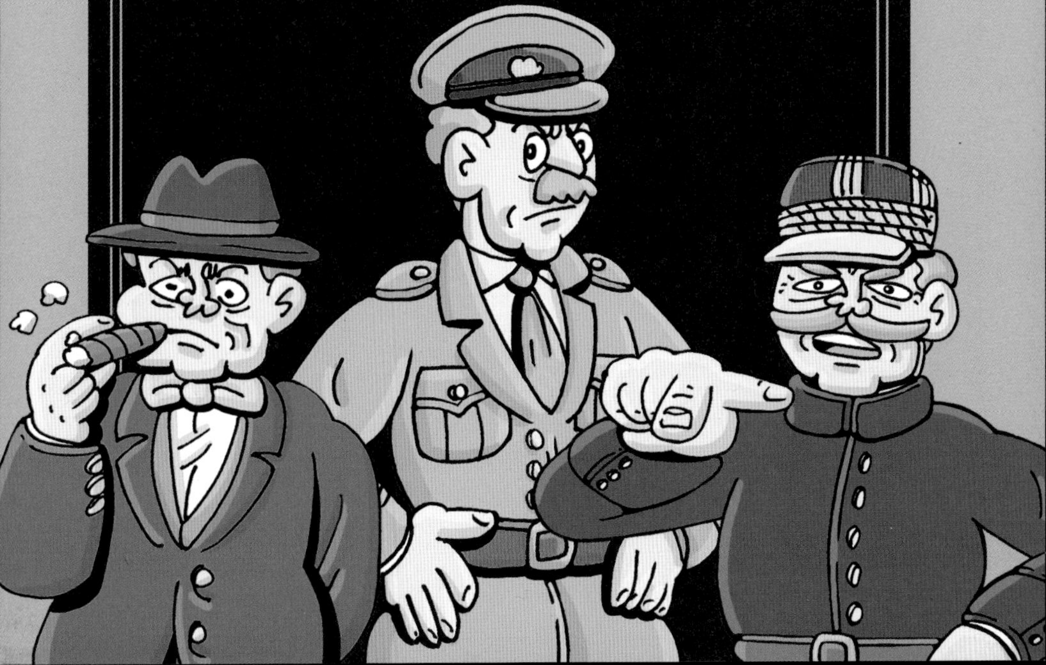

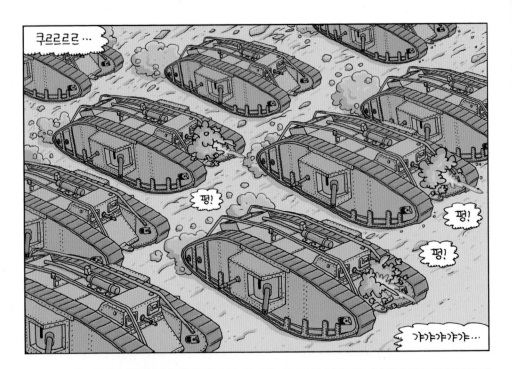

갸갸갸갸갸…

갸갸갸…

안녕하세요.

무명 용사, 아니 무명 병사입니다.

아시다시피 탱크 앞에서 기관총이나 소총은 아무 소용이 없지요.

투타타타타타타…

탕!

탕!

갸갸갸갸…

탱크가 처음 등장한 건 1916년 9월 솜 전투였는데요.

일단 튀자!

영국군이 이 정도 규모의 탱크를 동원한 건 이번 캉브레 전투가 처음입니다.

쿠르르르르…

몇 개월의 교착 상태를 단숨에 해소할 수 있었던 건 역시 엄청난 수의 탱크 덕분이었습니다.

쿠르르르르…

탱크야말로 1차대전의 대표적인 산물이지요.

이거 개발하는 데 저도 한몫했습니다.

← 처칠

슉!

1차대전 때 나타난 신무기는 탱크뿐만이 아닙니다.

나 아직 말 안 끝났는데….

슉

1차대전이 일어나기 전만 해도 사람들은 비행기에서 폭탄이 떨어질 거라고는 생각하지 못했습니다.

와앙…

쿠르르르르…

투투투
투투투
투투투
투투투

병사들이 가스 마스크를 쓰고 기관총을 쏠 거라고 예상한 사람은 더더욱 없었지요.

참담하구먼.

이렇게까지 해야 할까?

응, 살려면!

바다에서는 독일의 잠수함 유보트가 연합국의 배를 무차별적으로 침몰시켰고,

쿠르르르르 …

으아… 잠수함이었어!

불쑥!

미안, 이미 늦었어.

런던 상공에도 독일군의 체펠린이 나타나 폭탄을 투하했습니다.

폭탄 투하다! 으아아아!

쾅!

쿠궁…

화살이라도 쏴 보자. 구멍 뚫리게. 으아아아아!

사막에서는 군인들이 낙타를 타고 싸웠습니다.

낙타는 신무기가 아니잖아?

특이하잖아요.

이 전쟁은 규모 면에서도 유례없는 대전쟁이었습니다.

펑!

으으으아아아

타타타타타

탕... 탕!탕!

엥!

유럽은 1814년 나폴레옹전쟁이 끝난 이래 100년 동안 큰 전쟁을 겪지 않았는데요.

좋은 시절이지만 심심하군.
전쟁이라도 했음 좋겠다. 신나잖아.

하하하!

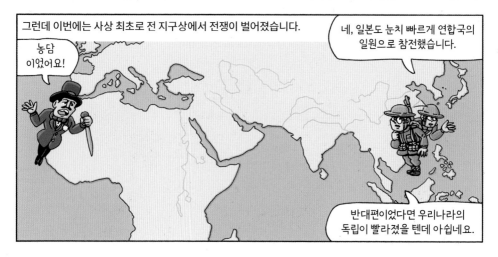

그런데 이번에는 사상 최초로 전 지구상에서 전쟁이 벌어졌습니다.

농담 이었어요!

네, 일본도 눈치 빠르게 연합국의 일원으로 참전했습니다.

반대편이었다면 우리나라의 독립이 빨라졌을 텐데 아쉽네요.

무엇보다도 1차대전은 최초의 현대전이자
총력전이었습니다.

주요 참전국들은 대개 징병제를 통해 수백만의
병사를 동원했기 때문에 후방의 공장에서는
여성들이 무기를 생산했지요.

그게 바로
총력전이지요.

이번 전쟁은 모든 국민이
어떤 식으로든 참여할 수
밖에 없는 전쟁이에요.

규모가 컸던 만큼
희생도 컸습니다.

우두두두두두두…

포탄이 터지는 전장뿐 아니라
후방에서도 수많은 사람이
죽어 갔습니다.

덜덜
덜…

게다가 전쟁 막바지인 1918년,
세계적으로 유행한 스페인 독감은
5000만~1억의 목숨을 앗아 갔습니다.

코로나보다
치사율도 높았어요.

한마디로 1차대전은
유럽이 겪은 유례없는
대재앙이었던 것입니다.

설상가상이죠.

하지만 1차대전은 2차대전보다 덜 유명하지요. 2차대전은 종종 드라마나
영화의 소재가 되지만, 1차대전은 상대적으로 대중문화에 잘 등장하지 않아요.
당장 떠오르는 영화를 꼽으라면 〈아라비아의 로렌스〉 정도?

나, 1차대전 맞아요,

맞다니까요!

너무 옛날 영화라
모르시는 분도
많을 거예요.

멜 깁슨의 데뷔작
〈갈리폴리〉도 있지만
역시 옛날 영화죠.

비교적 최근의 〈덩케르크〉나 예전의 〈라이언 일병
구하기〉 같은 대작들은 전부 2차대전이 배경이죠.

솔직히 저도
몰랐다니까요.

나도 1차대전 맞아요.

맞다니까요.

그나마 1차대전이 배경인
최근 영화는 〈원더우먼〉이나

네, 네, 네.

〈1917〉
정도?

네, 아무렴요.

척 봐도 알겠죠?

아무래도 1차대전은 100년이나 지난 옛날이야기라 관심이 덜한 거겠죠.

끄적…

1차대전에는 내가 안 나오잖아.

턱!

역시 스와스티카 깃발과 나치 군복이 나오지 않기 때문일까요?

하지만 역사적 의미로 보면 1차대전이 2차대전보다 더 중요하다고 보는 사람들도 많습니다.

결국 2차대전도 1차대전의 결과물 아닌가?

20년의 위기

E. H. 카

인정해요.

사실 1차대전이 없었다면 저도 없었겠지요.

20년의 위기

1차대전은 유럽인들의 입장에서는 20세기 초의 '벨 에포크(아름다운 시절)'를 끝장낸 전쟁이고,

20세기의 질서를 만들어 낸 전쟁이죠.

어라?!

받아들여라!

21세기까지 큰 후유증을 남긴 전쟁이기도 합니다. 특히 중동 지역은 그 후유증이 더 심했지요.

이스라엘 가자 지구 폭격 장면입니다. 세상에 ….

The Middle East 1914

현재까지도 이어지고 있는 중동 분쟁은

거의 1차대전의 결과물이라고 봐도 무방합니다.

The Middle East 1922

1차대전으로 한 세기가 마감되었다는 사람도 있었지요.

이 전쟁으로 1789년 프랑스 혁명으로 시작된 '기나긴 19세기'가 실질적으로 종료되었습니다.

책은 내려 놓으셔도 ….

에릭 홉스봄

극단의 시대

대전 직후 베스트셀러는 '서구 문명의 쇠락'을 주장하는 슈펭글러의 저서였습니다.

문명도 하나의 유기체와 같습니다. 탄생하면 언젠가는 소멸하지요. 서구 문명은 이제 몰락의 사이클에 도달했습니다.

책은 좀 ….

베스트셀러 되고 싶어요.

슈펭글러

서유럽의 몰락

다시 말해, 1차대전 전후로 유럽은 완전히 달라졌습니다.

1차대전 이전의 세계는 지금으로서는 상상도 할 수 없는 완전히 다른 세계였습니다. 요즘 사람들에게는 이 사실을 아무리 설명해도 이해하지 못하죠.

슈테판 츠바이크 →

1차대전은 유럽인들에게 실질적인 타격뿐 아니라 엄청난 트라우마를 함께 남긴 것입니다.

오 마이 갓!

제정신으로 살 수 없어!!!

아편

또한 전 국민이 하나가 되어 전쟁을 치른 **전체성**(totality)의 경험은 **파시즘**의 자양분이 됩니다.

그럴 줄 알았어, 젠장!

1차대전을 겪은 유럽인들은 르네상스 이래 처음으로 역사의 진보를 의심하기 시작합니다.

역사는 원래 진보하는 것 아니었나?

으앙~!

그렇지 않을 수도 있어, 젠장!

아, 참! 우리가 잘 모르는 1차대전의 흔적들이 있는데요.

손목시계도 1차대전 때부터 유행한 거예요.

식사 시간?

제가 입고 있는 트렌치코트도 …

1차대전 때 참호에서 입기 위해 옷으로 만든 것입니다.

쌰!

스타일 좋은데?

이야기가 길었네요.

그럼 이제부터 제1차 세계대전 이야기를 본격적으로 시작하겠습니다.

떠들지 말고 엎드려!

슈웅!

땅!

▲ 오귀스트 르누아르가 그린 벨 에포크의 풍경.

벨 에포크는 정말 '좋은 시대'였을까?

20세기 초 유럽은 일면 유토피아처럼 보였다. 대영제국에는 해가 지지 않았고, 프랑스에는 물랑 루주, 마네, 모네, 고흐 등 천재 예술가들이 쏟아졌으며, 오스트리아-헝가리제국의 수도 빈에는 구스타프 말러와 구스타프 클림트가 활동했다. 하지만 이처럼 찬란했던 벨 에포크의 이면에는 식민 지배, 아동 노동, 성차별, 부의 불평등이 숨어 있었다.

1

사라예보의 총성

FN M1910

가브릴로 프린치프가 사라예보에서
프란츠 페르디난트 황태자를 암살할 때 쓴 총이다.

1914년 6월 28일 보스니아-헤르체고비나의 수도, 사라예보.

도시는 아침부터 분주히 움직이고 있었다.

오늘따라 왜 이렇게 붐비는 거야?

왜긴! 오늘 프란츠 페르디난트 황태자님 부부가 방문할 예정이니까 그렇지.

와~!

와!!!

우리를 다스리는 오스트리아-헝가리 제국의 황태자님이시지….

어, 저기 오시는 것 같군.

황태자 부부는 오전 9시 20분경 사라예보역에 도착했다.

사라예보에 오신 걸 환영합니다, 전하!

황태자를 맞이한 이는 보스니아 총독 오스카르 포티오레크. 그의 이름을 기억해 두자.

제가 오늘의 경비 책임자이기도 합니다.

쫄지 마. 별일 없어?

넵!

황태자 부부

포티오레크

자… 출발하지.

넵!

와~!

와~아~!

차브리노비치

스윽…

와~아!!!

잠시만요….

밀지 마요!

그리하여 일행은 다시 차에 오르는데….
아뿔싸, 운전사는 목적지가 바뀐 걸 모르고 있었다!

암살 기도도 있었는데 괜찮겠어요?

저도 그렇게 말씀드리긴 했지만, 놈들이 설마 두 번이나 시도하겠습니까?

아, 이 길이 아니고 직진이야!

네엡?!

이런… 막혔잖아!

죄… 죄송합니다.

어, 황태자 아닌가?

프린치프

오늘 거사는 실패인 줄 알았는데, 이게 웬 떡이지?

응?

첫 번째 탄환은 황태자비 소피의 복부를 맞혔고,
두 번째 탄환은 페르디난트의 목을 맞혔다.

이 암살자의 총격 두 발에 두 사람이 모두 사망했다.

암살이 성공한 건 순전히 우연이었다.

그럼 1차대전도 일어나지 않았을까요?

사실 운전사가 목적지만 제대로 알았어도 벌어지지 않을 사건이었습니다.

!

그냥 직진했으면 아무 일도 없었을 텐데, 우회전하는 바람에 암살범을 만났지요.

박물관 방면
실러 식료품점
대공의 차
병원 방면   시청 방면
물하카 강
라틴 다리

탁!

총독님이 자동차를 급하게 멈춰 세우지만 않았어도 암살범이 황태자님을 조준하지 못했을 겁니다.

뭐?!

둘둘둘…

실제로 차량이 직진하든 우회전하든 일관되게 주행했다면 범인이 총을 쏠 기회는 없었다.

저는 운이 좋았고, 황태자는 운이 없었다고 봐야죠.

이 자식이?!

SCHILLER'S

페르디난트 암살은 이른바 '머피의 법칙'이 극단적으로 실현된 사례 중 하나이다.

…

SCHILLER'S

AM-118

첫 폭탄 공격이 실패한 순간 암살은 실패했지만 소홀한 경비와 우연이 겹쳐 프린치프가 황태자 부부를 살해할 수 있었다.

경비가 소홀했다고?

굵적...

할 말이 없네. 흠 흠.

이제 현장이 대충 정리된 것 같습니다.

대체 어떤 놈이 이런 짓을 저지른 건가?

SCHILLER'S

범인의 이름은 가브릴로 프린치프.

보스니아 출신이지만 세르비아에서 유학 중이던 학생이라고 합니다.

총 일곱 명의 테러리스트가 황태자를 암살하기 위해 사라예보에 잠입했다.

이들은 왜 이런 짓을 저질렀을까?

이 질문에 대답하려면 좀 긴 설명이 필요하다.

오스만제국

세르비아

사라예보

발칸반도

러시아

불가리아

BLACK HAND

우선 황태자 총격 사건이 벌어진 발칸의 예루살렘, 사라예보.

사라예보는 보스니아-헤르체고비나의 수도로, 기독교와 이슬람, 유대교가 공존하는 다종교·다민족 도시다.

보스니아-헤르체고비나는 원래 오스만제국의 땅이었으나, 1878년 오스트리아-헝가리제국이 '사실상' 병합했다.

'형식적으로는' 여전히 오스만제국 땅이란 얘기죠. 그래서 무슬림 인구가 많지요.

무슨 소리! 나 같은 세르비아계 정교회 신자들도 많다고!

우리 유대인도 꽤 많아.

턱!

턱!

문제는 1908년 오스트리아-헝가리제국이 보스니아-헤르체고비나 전체를 '공식적으로' 합병하면서 시작되었다.

오늘부터 여기도 우리 땅!

아, 이건 좀 곤란하잖아요.

누구 땅이든 나는 상관없어.

프란츠 요제프

그런데 보스니아 사람들보다도 이웃 나라 세르비아인들의 불만이 더 컸다.

사실은 여기도 세르비아 땅이라고!

원래 너희 땅도 아니었는데 왜?

그 당시 세르비아에서는 세르비아계 슬라브인을 중심으로 '대(大)세르비아'를 건설하려는 민족주의 열풍이 불고 있었다.

세르비아인이 한 명이라도 사는 곳은 다 세르비아 땅이죠.

이걸 '범세르비아주의'라고 부릅니다.

세르비아엔 범세르비아주의를 표방하는 '검은 손'* 이라는 테러 단체도 생겨났다.

보스니아에 거주하던 세르비아계 보스니아인 중에도 여기에 동조하는 사람이 많았다.

결국 세르비아와 보스니아는 하나가 되어야 하지 않겠어요?

프린치프 학생 말이 전적으로 옳습니다.

세르비아, 보스니아-헤르체고비나, 알바니아, 불가리아, 몬테네그로 모두 세르비아 아래 단결해야 합니다!

루마니아는 슬라브가 아니라 라틴계입니다. 이름부터 'Romania' 잖아요.

보스니아-헤르체고비나 / 오스트리아-헝가리 / 사라예보 / 세르비아 / 루마니아 / 불가리아

그렇지 않아도 18개의 행정 구역에서 11개 언어를 쓰는 민족들이 사이가 좋다고는 할 수 없는데, 너희가 거기까지 부추기면 안 되지.

보스니아-헤르체고비나에 민족주의를 부추기는 세르비아를 오스트리아-헝가리제국이 좋아할 리가 없었다.

너희들 언제 한번 손을 봐주고 말 테다.

* 검은손: 공식적인 명칭은 '단결 아니면 죽음'으로, 범세르비아주의를 표방하던 세르비아의 비밀 단체였다. 1911년 3월 드라구틴 디미트리예비치의 주도로 결성되었다. 테러 활동을 통해 자신들의 목적을 달성하려 했으며, 페르디난트의 암살에도 깊게 관여했다.

하지만 세르비아를 마음대로 처리할 수는 없었다. 왜냐하면…

응?

응…

헉!

슉!

러시아야말로 슬라브의 대부. 모든 슬라브인은 러시아의 보호 아래 있다!

그뿐 아니다.

어흠!

저도 잠깐…

발칸반도를 잃은 오스만제국도 속으로 분노를 삭이고 있었다.

실은 이 나라들 모두 얼마 전까지는 오스만제국 땅이었거든요.

이처럼 발칸반도를 둘러싼 3대 강국은 그 나름의 이유로 서로를 싫어했다.

흥…

칫!

뿡!

오스트리아 놈들은 땅을 빼앗아 갔으니 싫고… 러시아 놈들은 호시탐탐 우리 해협을 노리거든요.

독자들께 일러바칠 거야!

나도 독자들께…

노르웨이 스웨덴 덴마크 영국 독일 프랑스 이탈리아 러시아 오스트리아-헝가리 제국 루마니아 불가리아 흑해 보스니아 세르비아 알바니아 그리스 오스만 제국 지중해

꼭 오스만제국이 싫다기보다, 저희도 어쩔 수 없어요. 저곳을 못 지나가면 지중해로 나갈 길이 없으니.

우리는 러시아가 제일 싫습니다. 저놈들은 슬라브의 대부랍시고 세르비아의 뒤를 봐주거든요.

아, 피가 물보다 진하잖아….

오스만제국에는 별 유감이 없어요. 걔들이 우릴 싫어해서 그렇지.

아니, 그걸 말이라고 하나? 우리 땅을 빼앗아 가 놓고.

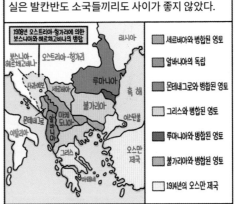

실은 발칸반도 소국들끼리도 사이가 좋지 않았다.

1908년 오스트리아-헝가리에 의한 보스니아와 헤르체고비나의 병합

러시아 보스니아-헤르체고비나 오스트리아-헝가리 사라예보 세르비아 루마니아 흑해 몬테네그로 마케도니아 이탈리아 불가리아 이스탄불 그리스 오스만 제국 아테네

■ 세르비아와 병합된 영토
■ 알바니아의 독립
■ 몬테네그로와 병합된 영토
□ 그리스와 병합된 영토
■ 루마니아와 병합된 영토
■ 불가리아와 병합된 영토
□ 1914년의 오스만 제국

발칸반도 주변에서는 모두가 서로를 싫어하는 것 같았다.

오스만제국을 상대할 때는 힘을 합치지만…

독일 러시아 오 보스니아 사라예보 세르비아 루마니아 알바니아 불가리아 터키

우리 중 누가 대장 노릇을 하는 것도 참지 못하지.

프란츠 페르디난트가 암살당한 1914년에는 이 모든 것들이 모여 소위 '발칸 문제'를 형성하고 있었다.

우왕 좌왕 독일 티격 태격 리아 보스니아 사라예보 세르비아 루마니아 불가리아 그리스 터키 치… 칫…

이제 시야를 넓혀 1914년의 유럽을 바라보자. 당시에는 독일, 오스트리아-헝가리, 이탈리아가 삼국동맹을 맺고 프랑스, 영국, 러시아가 **삼국연합**('삼국협상'이라고 부르기도 한다)을 이루고 있었다.

하지만 각국별로 동맹이나 연합의 조건이 매우 달랐고

삼국동맹 중 독일과 오스트리아-헝가리가 굳게 손을 잡고,

이탈리아는 삼국연합을 바라보며 눈치를 보고 있다.

실제로 전쟁이 일어날 때 도와줄지도 확실하지 않았다.

얼마 전까지만 해도 독일이랑 더 친했는데…

…

…

데면데면…

이를테면 우리가 러시아와 싸우면 이탈리아가 도와줄까요? 그때 가 봐야 알지요.

…

소… 솔직히 말해 그런 전쟁에 끼어들고 싶지 않아요.

그래도 전쟁을 시작하려면 일단은 동맹 체제를 감안해야 하겠죠.

프란츠 페르디난트 암살 사건은 이런 형세에서 발생했다.

삼국동맹!!!

삼국연합!!!

예전부터 세르비아 놈들이 마음에 들지 않았는데, 이참에 혼을 내줘야겠어.

그런데 러시아가 끼어들지 않을까 걱정이네.

그건 걱정 말게. 내가 뒤를 봐주겠네. 러시아 놈들이 오스트리아를 침략하면 우리가 러시아로 밀고 들어가지.

그러면 삼국연합의 프랑스와 영국은 가만히 있을 줄 아는가?

뜨끔…

나는 아무것도 몰라.

다음 날 아침, 유럽과 미국의 신문들은 일제히 오스트리아-헝가리제국 황태자 부부의 암살 소식을 전했다.

촤르르르르…

유럽에서 두 번째로 큰 대제국의 후계자가 암살됐으니 당연한 일이다.

게다가 내 나이 벌써 84세….

그러나 이 소식만으로는 전쟁을 예감한 사람이 그리 많지 않았다.

발칸반도에서 또 사건이 하나 일어났구나 했지요. 거기는 원래 그런 곳이니까요.

애거사 크리스티

20세기 초 유럽인에게 발칸반도의 이미지는 그런 것이었다.

발칸반도?

아… 저기 저 변두리 동네?!

암살과 왕조 교체, 폭동이 빈발하는, 우리가 사는 세계와는 다른 야만인(?)들의 세계.

발칸반도에서 또 싸운대.

쟤들은 왜 맨날 치고받고 싸우는지 몰라.

그러게.

대공이 암살된 다음 날인 6월 29일, 유럽인들의 일상엔 아무런 변화도 없었다.

사장님, 신문 보셨어요?

쓸데없는 소리 하지 말고 일이나 해!

유럽인들에게 전쟁은 너무나 먼 얘기였다.

어느 나라 황태자가 죽었대요.

엉, 근데?

유럽의 지도자들도 대개 여름휴가 중이거나, 휴가를 떠날 예정이었다.

앗! 내 숭어!

뭐? 페르디난트가 암살당했다고?!

탈출!

이미 세계대전의 도화선에 불이 붙었지만,

뭐 타는 냄새 안 나?

치…

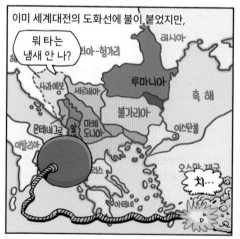

당시만 해도 그 사실을 아는 사람은 거의 없었다.

스테이크가 다 익은 거겠지.

치…

1914년 여름, 유럽인들은 그야말로 '벨 에포크'의 절정에 서 있었다.

너만 피우니?

유럽은 산업혁명과 식민지 경영을 통해 경제적 부를 축적했고, 엄청난 과학 발전을 함께 이뤄 냈다.

이제 물리학이 할 일은 소수점 아랫자리를 늘리는 것밖에는 없어요.

당시 유럽인으로 산다는 건 인류 발전의 최고봉에 서 있는 것과 같았습니다.

윌리엄 톰슨(물리학자) →

← 찰스 에머슨(영국 작가)

물론 최소 중산층 이상은 되어야 할 수 있는 말이겠죠.

확 뒤집을까?

사실 요즘만큼 살기 좋은 때가 없잖아요?

그럼, 그럼.

우리도 요즘 살 만해.

유럽인들의 해외여행도 엄청나게 늘어났다. '세계화'라는 말이 처음 유행한 것도 이 시기다.

여행할 때는 여권도 필요 없었다.

예전, 즉 전쟁 전에 인간은 육체와 영혼을 지닌 것으로 충분했다. 하지만 이제 사람 취급을 받으려면 여권이 있어야 한다.

혹시 전쟁을 예감하지는 않았을까?

전쟁이라뇨?

농담이시죠? 하하하.

유럽 국가들끼리는 상호 의존성이 너무 높아 전쟁이 불가능해요.

당시 전 유럽의 베스트셀러는 노먼 에인절의 저서인 *The Great Illusion*.

요지는 "요즘 같은 세상에 세계적 규모의 전쟁이 일어날 리가 없다"라는 겁니다.

맞아요. 나폴레옹 시대라면 몰라도 ….

무슨 19세기도 아니고 ….

꿀꺽 ….

유럽은 전쟁을 상상하기에는 너무나 오랫동안 평화로웠다.

1814년에 나폴레옹전쟁이 끝나고 100년 동안 큰 전쟁이 없었다니까요.

건배!

실제로 전쟁을 걱정하는 사람은 거의 없었다.

제가 자라난 시대를 묘사하는 적절한 표현을 고르라면, '안정의 황금시대'라고 부르고 싶습니다.

하지만 어제 오스트리아의 황태자가 사라예보에서 암살당했습니다.

거기서 불꽃이 튀면 전 유럽이 전쟁에 말려들 수 있다고 생각하시지는 않나요?

그쪽은 원래 그래요. 발칸이란 동네에선 자주 있는 사건이죠.

거긴 여기와 다른, 세상의 끝이라고나 할까.

사실 거기서 조금만 더 가면 무슬림 땅이지요.

기자님도 한 잔?

그럼 다들 마지막으로 전쟁을 본 게 언젠가요?

가만 보자…

우리는 마지막 전쟁이 1871년에 끝난 보불전쟁*입니다. 무려 43년 전이군요.

그때 우리가 제대로 밟아 줬지. 알자스-로렌 지방도 빼앗고.

뭐?!

우리는 얼마 전이에요. 아프리카에서 1899~1902년 사이 벌어진 보어전쟁이 있었죠.

2차대전이라도 하고 싶어?

1차도 안 했는데?!

굳이 국제전을 들라면, 1853~1856년의 크림전쟁**이 있었는데…

크림전쟁은 너무 옛날이고, 먼 곳에서 일어난 전쟁이라 실감이 안 나는걸.

그래도 나이팅게일이 있었잖아!

한 잔 더….

맞아, 맞아. 나이팅게일!

---

* 보불전쟁: 1870~1871년 프랑스와 프로이센 사이에서 일어난 전쟁. 프로이센은 전쟁의 승리와 함께 독일제국 수립을 선포한다.

** 크림전쟁: 1853년 러시아가 오스만제국의 영토를 침공하며 일어난 전쟁. 오스만제국이 열세를 보이자 러시아의 지나친 확장을 우려한 영국과 프랑스 등이 오스만제국을 지원하며 국제전 양상을 띠게 된다. 결국 3년간의 전투 끝에 오스만제국 연합군이 승리한다. 러시아의 야심을 '힘의 균형'을 유지하려던 유럽 열강들이 저지한 사건이었다.

전장에서 활약한 간호사로 유명한 나이팅게일.

제가 이 크림전쟁으로 유명해졌지요.

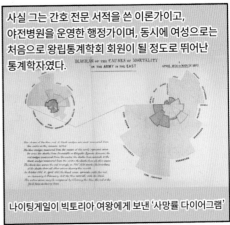

사실 그는 간호 전문 서적을 쓴 이론가이고, 야전병원을 운영한 행정가이며, 동시에 여성으로는 처음으로 왕립통계학회 회원이 될 정도로 뛰어난 통계학자였다.

나이팅게일이 빅토리아 여왕에게 보낸 '사망률 다이어그램'

나이팅게일이 야전병원의 위생 상태를 개선해서 부상병의 사망률을 크게 줄일 수 있었던 것도 통계학적 지식 덕분이었어요.

그렇게 다재다능한 사람인 줄은 몰랐네.

나이팅게일 이후 부상병들의 사망률은 42%에서 2%로, 극적으로 줄어들었다.

오예!

여기서 살아 나갈 확률이 98%!

짝!

프레젠테이션도 잘했구먼.

저런 걸 요즘 말로 인포그래픽(Infographic)이라고 하지.

오케이! 예산 투입!

탁!

딱!

그건 그렇고, 정말 전쟁이 안 일어난다고 확신하시나요?

아, 몇 번을 말해야 돼요?

어쨌건 전쟁은 없다니까요?

벨 에포크, 몰라요?

지금은 그냥 아름다운 시절이라고요.

슉!

데이비드 프롬킨은 1차대전의 발발을 항공기가 갑작스런 난기류에 휘말린 것과 같다고 비유한다.

1997년, 호놀룰루로 향하던 보잉 747은 갑작스런 난기류에 휘말렸는데,

이 사고로 승객 한 명이 사망하고 102명이 부상을 입습니다.

유럽인들에게 1차대전은 이 비행기 사고와 같았습니다.

삐!

하지만 이러한 평화 분위기와는 달리 20세기 들어 각국의 군비 경쟁은 격화되었다.

1906년에서 1913년 사이 유럽 주요국의 군비 지출은 평균 50% 정도가 늘어났다.

20세기 초 유럽은 굉장히 아슬아슬한 상태였다.

건배!

아름다우십니다!

삼국동맹

발칸반도

삼국연합

흔들…

아슬아슬

그런데 왜 이런 상태가 되었을까?

잠깐!

제 이름은 오토 폰 비스마르크라고 하는데요. 제가 설명 드리겠습니다.

▲ 귀천상혼이라는 멍에는 이들의 자식까지 괴롭혔다.

프란츠 페르디난트의 우울

페르디난트는 이래저래 억울한 인물이었다. 우연이 겹쳐 프린치프 앞을
지나갈 때 방탄조끼를 입고 있었지만 목에 총을 맞아 사망했다. 전쟁을
억제하던 평화주의자였음에도 1차대전 발발의 상징이 되었고, 요제프
황제는 그의 죽음을 그다지 슬퍼하지 않았다고 한다. 심지어 암살단의
목표는 자신과 포티오레크였는데, 프린치프의 실수로 아내까지 사망했다.

2

흔들리는 유럽의 균형

'카이저' 빌헬름 2세

양쪽 끝이 위로 굽어 올라간 멋들어진 '카이저수염'은
어떻게든 장애가 있는 왼팔을 숨기고 싶은 콤플렉스의 발현이었다.

개인적으로 제가 총리 자리에서 잘린 것이 1차대전의 큰 원인 중 하나라고 생각합니다.

비스마르크*

좀 오래됐지만 100년 전, 그러니까 1814년 나폴레옹전쟁이 끝났을 때로 돌아가 보지요.

유럽에서는 오스트리아의 메테르니히**가 주도한 빈 회의에서 중요한 두 가지 합의를 이끌어 냈다.

타닥… 타다닥   타다닥

첫째, 웬만한 건 모두 프랑스 혁명 이전으로 돌린다.
둘째, 유럽 내에서 절대로 절대강자가 등장하지 못하게 한다.

사실 두 번째가 더 중요한데요. 이 원칙을 '유럽의 콘서트'라고 부릅니다. 빈 회의 이후의 유럽 질서를 가리키는 말이죠.

그리고 1871년에는 저의 주도로 프로이센이 독일을 통일했습니다.

독일 통일 과정에서 프로이센은 프랑스와 전쟁을 벌여 승리했다.

전쟁 배상금 50억 프랑을 지불하고, 알자스-로렌 땅도 내놓으시오.

언젠간 반드시 복수하고 말 테다.

50억 프랑

부들 부들

---

* 비스마르크(Otto von Bismarck, 1815~1898): 독일을 통일하고 제국을 건설한 프로이센의 총리. 1862년 총리가 된 이래 제국의 이인자로 활약하다가 새로 황제가 된 빌헬름 2세와 불화 끝에 1890년 총리 생활을 마감했다.

** 메테르니히(Clemens von Metternich, 1773~1859): 나폴레옹 이후의 유럽 질서를 주도한 오스트리아의 정치가. 유럽 질서를 강대국 간 세력 균형을 맞추며 유지하려 노력했다.

통일 후 전 독일의 외교 전략을 기본적으로 '양쪽에 적을 두지 않는다'라고 정했습니다. 길게 설명 안 해도 지도를 보시면 아시겠죠?

영국

네덜란드
벨기에

독일

러시아

부들 부들

프랑스

스위스

오스트리아-헝가리제국

이탈리아

루마니아

세르비아

불가리아

터키

그리스

지중해

실제로 제가 있을 때는 독일과 러시아가 꽤 친했답니다.

프랑스는… 전쟁 이후 앙금이 남아서 좀….

그래서 저는 '식민지를 과하게 추구하지 말자'라는 원칙을 세웠습니다.

식민지를 새로 얻으면 주변 열강들과 충돌할 가능성이 커져요.

웬 딴청!

또르르

'유럽의 콘서트' 기억나세요?

첫째, 웬만한 건 모두 프랑스 혁명 이전으로 돌린다. 둘째, 유럽 내에서 절대로 절대 강자가 등장하지 못하게 한다.

부욱!

독일제국이 너무 공격적으로 나오면 전 유럽이 독일을 견제하려 할 겁니다. 실제로 독일이 주변과 다 싸울 만큼 강해지는 않고요.

그런데 제가 모시던 빌헬름 1세가 서거하고, 손자인 빌헬름 2세가 집권하면서 모든 게 달라집니다.

일단 사사건건 제 말에 반대만 하는 비스마르크 총리를 자르고 싶군요.

헉!

카이저*

* 카이저: 독일제국의 황제를 일컫는 말. 하지만 보통 빌헬름 2세를 뜻한다.

우리도 열강인데 식민지를 더 갖지 못할 이유가 없지요.

비스마르크가 우리나라를 무력한 나라로 만들고 있어.

적극적으로 식민지를 확보해야 경제도 성장할 거 아냐!

보세요. 백성들도 불만이라니까요.

현재 우리 식민지는 거의 없는데, 영국은 이렇거든요!

우리가 영국보다 못한 게 뭔데?

폐하의 말씀이 맞습니다.

우리가 누구를 그늘로 떨어뜨리자는 게 아니라, 우리도 햇볕을 좀 쬐자는 이야기지요.

뷜로*

빌헬름 2세의 야심은 제가 세운 외교 전략을 뿌리부터 흔들어 놓았습니다.

양쪽에 적을 두지 않는다.

* 베른하르트 폰 뷜로(Bernhard von Bulow, 1849~1929): 1900년에서 1909년까지 빌헬름 2세 밑에서 독일제국의 총리를 지낸 정치가. 그 전에는 3년간 독일의 외무장관으로 일했다.

1898년 카이저는 오스만제국의 수도 이스탄불을 방문했다.

와~아!!!

환영합니다!

오스만과 앙숙인 러시아와 척을 지는 행동이었죠.

비스마르크는 아무것도 몰라요. 이게 다 3B 정책의 일환이라고요.

군중 속에 숨어 있으면 모를 줄 알았지?

카이저가 말하는 '3B 정책'이란 무엇인가?

베를린, 비잔티움, 바그다드의 약자를 따서 3B. 제가 세 곳을 잇는 철도를 내겠다는 겁니다.

탁!

탁!

탁!

ㅇ베를린

ㅇ스탄불

ㅇ바그다드

덕분에 우리 독일이 중동 지역에서 영향력을 확보한 거 아닙니까?

중동의 터줏대감인 영국은 가만있나요?

노인네가 겁이 너무 많아요. 걱정되면 우리가 강해지면 되지요!

제독은 지금부터 당장 해군을 건설하게.

넵!

노 … 노인네?!

티르피츠*

카이저는 영국 출신 어머니에게서 해군에 대한 열정만 배운 듯했다.

우선 발틱해와 북해를 연결하는 키엘 운하를 완성하고 …

척!

DENMARK

SWEDEN

NORTH SEA

BALTIC SEA

KIEL CANAL

GERMANY

Elbe River   Hamburg

---

* 알프레트 폰 티르피츠(Alfred von Tirpitz, 1849~1930): 빌헬름 2세 시기의 독일 제독. 1897년부터 1916년까지 독일 해군을 지휘했다. 대양 해군 건설을 주장한 것으로 유명하다.

그리고 대함대를 건설해 유사시 영국 해군과 맞장을 뜨는 거다!

육군은 이미 세계 최고니까.

독일이 전함을 제작하는 걸 보면 영국은 가만있나요?

영국과 군비 경쟁이 일어난 건 다 저 멍청한 카이저 때문입니다.

카이저의 자신감에 근거가 없지는 않았다.

저도 다 그럴 만하니까 이러는 거죠.

그렇고말고요. 티르피츠, 차트!

넵!

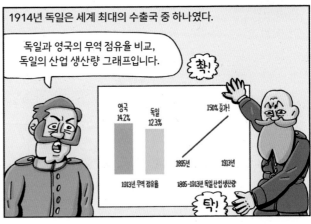

1914년 독일은 세계 최대의 수출국 중 하나였다.

독일과 영국의 무역 점유율 비교, 독일의 산업 생산량 그래프입니다.

착!

영국 14.2%

독일 12.3%

1913년 무역 점유율

150% 증가!

1895년　　1913년

1895~1913년 독일 산업 생산량

탁!

우리 국력에 걸맞은 대접을 바라는 게 왜 잘못인가요?

그러게 말입니다. 드디어 우리 해군도 영국에 이어 세계 2위 전력을 확보했습니다!

딱!

퉁!

맞장구

영국은 자기들 해군을 2, 3등 해군력을 합친 것보다 강하게 유지하고 있거든요. 독일이 해군력을 강화하면, 영국도 당연히 더 강해집니다.

영국 ＞ 독일 ＋ 미국

해군력 비교

병실에서

다 부질없는 짓입니다. 저는 이만….

노인네, 안녕!

그런데 독일은 야심가 황제 빌헬름 2세만 문제인 것도 아니었다.

저는 우리나라에서 심한 편도 아니라니까요.

으이구!

전 유럽에 불어닥친 민족주의 열풍은 독일제국의 전신인 프로이센에서 유독 강력했다.

독일인은 단결하라!

단결! 단결!

단결

단결

피히테*

프로이센은 전 세계에서 최초로 **의무 교육**을 도입했고, 나폴레옹전쟁 이후에는 민족주의·군국주의 교육을 강화했다.

Deuschland über Alles!

19세기 내내 프로이센은 군사력을 증강했고,

척! 척! 척! 척!

프로이센은 군대를 보유한 국가가 아니라, **국가를 보유한 군대** 같은 느낌이군.

프랑스인들

통일 이후 독일제국에는 군국주의적 분위기가 넘쳐 났다.

요즘은 이렇게 결투한 흔적을 내는 게 유행입니다.

---

* 요한 고틀리프 피히테(Johann Gottlieb Fichte, 1762~1814): 헤겔, 프리드리히 셸링과 더불어 독일 관념론을 대표하는 사상가. 하지만 철학보다는 나폴레옹전쟁에서 패한 후 베를린에서 진행한 민족주의 강의로 유명하다.

빌헬름 2세의 독일제국을 직접 관찰한 막스 베버*는 이렇게 말했다.

막스 베버

툉!

어? 많이 컸다 이거야?

빌헬름 2세 시대의 독일은 통일쯤은 청소년기의 장난이라고 생각했다. 이제 독일은 성년이므로 당연히 세계제국이 되어야 한다는 것이다.

'세계제국'이란 세계 곳곳에 식민지를 가진 제국을 말한다.

이때만 해도 대부분의 유럽인은 약소국을 식민지로 삼는 걸 나쁘다고 생각하지 않았다.

인간은 모두 자유롭고 평등해야 하지 않나요? 식민지 주민은 착취해도 되나요?

그게, 뭐랄까….

우물 쭈물…

그런데 당시에는 식민주의를 옹호하는 논리가 있었다. 이름하여 사회진화론.**

우월한 자가 열등한 자를 지배하는 건 자연의 법칙 아닌가?

그 책 뭐더라?

철컹!

적자생존!

살아남은 자가 강한 자고, 강한 자가 옳은 것이여.

총 내려놓고 싸워봐? 누가 강한지.

진화론의 오용인 이 이론은 1차대전 전까지 유럽에서 굉장한 인기를 끌었다.

* 막스 베버(Max Weber, 1864~1920): 19세기 말~20세기 초에 활동한 독일의 사회학자. 《프로테스탄트 윤리와 자본주의 정신》으로 유명하다.

** 사회진화론: 인간 사회 역시 적자생존의 경쟁이 지배하는 자연 상태와 다르지 않다는 생각으로, 당시 유럽 열강의 식민주의를 정당화 하는 이론적 무기가 되었다.

당시 독일제국에는 학자뿐만 아니라 대중에게도 **사회진화론**이 널리 퍼져 있었다.

더불어 인종주의도 기승을 부렸다.

그러니까 자본주의가 진화하면 사회주의가 된다는 거지?

그렇지, 그런데 마르크스 선생 말씀은 우리 노동자가 자본가보다 더 적자(適者)라는 이야기야.

아니, 이 사람들 보게. 공산주의랑 사회진화론을 헷갈리면 어떡해?

인류는 오랑우탄에서 흑인, 슬라브족, 게르만족 순서로 진화해 왔어.

내가 바로 게르만족!

크리스토프 마이너스*

유럽이 이룩한 업적은 모두 아리아 인종의 공이다.

유대인은 온갖 민족이 섞여 만들어진 잡종이다.

Deuschland über Alles!

탁!

철학 분야에서는 한동안 잊힌 작가였던 프리드리히 니체의 책이 다시 인기를 끌었다.

내 책을 기억해 줘서 고맙긴 하지만….

니체의 '초인'을 왜곡해서 받아들이는 독일인들도 많았다.

도덕은 약자의 변명이고, 강한 것이 옳은 것이다!

우리 카이저 님이 니체가 말하는 초인 아닐까?

카이저 수염

이런 분위기에서 카이저의 인기는 하늘을 찔렀다.

자네 말을 듣고 보니, 나도 카이저 님이 니체의 초인 같다는 생각이 드네.

요즘 다들 그렇게 말하던걸.

독일 사회 전체가 민족주의와 군국주의, 인종주의의 세례를 받고 헛된 자신감에 차 있었다.

이런 흐름을 막을 세력은 없을까요?

위대한 독일!!! 독일 최고!

* 크리스토프 마이너스(Christoph Meiners, 1747~1810): 독일 괴팅겐대학 교수. 인종 차별의 근간이 된 인종주의라는 개념을 확립하였다.

당시 독일제국 의회의 1당을 차지하는 정당은 반전(反戰)을 표방하는 사회주의 계열의 독일 사회민주당(SDP, 사민당)이었다.

우리는 노동자 계급을 대표했고, 공식적으로 전쟁을 반대해 왔습니다.

아우구스트 베벨*

독일 사회민주당	110석
독일중앙당	91석
국민자유당	45석
그 외	…

사람들이 우리 사민당에 많은 기대를 하는데요.

〈런던 타임스〉입니다.

지금 우리 사회민주당이 원내 1당인 건 사실이에요. 하지만 독일의 실권은 황제가 다 가지고 있는걸요.

슥삭 슥삭

심지어 마르크스가 강령을 집필한 사민당 당원들조차 당시의 군국주의적 분위기에 휩쓸려 있었다.

척!척!척!

저 군인 중 80%가 우리 사민당 당원입니다. 하지만 위에서 명령이 내려오면 조금도 주저하지 않고 저를 쏠걸요.

독일은 그렇다치고 정작 후계자가 암살당한 오스트리아-헝가리제국은 어땠을까요?

뭐가 어때요?

분위기가요.

음… 거긴 분위기가 좀 다르죠 ….

잠깐, 여기는 내가 전문가니까 ….

슥삭 슥삭

불쑥!

---

* 아우구스트 베벨(August Bebel, 1840~1913): 독일 사회민주당의 지도자. 별명이 '교황'일 정도로 영향력이 컸다.

1865년까지만 해도 오스트리아는 독일과 이탈리아의 일부, 헝가리와 그 외 수많은 소수 민족을 지배하는 넓은 제국이었습니다.

1865

그런데 1866년 오스트리아는 프로이센과의 전쟁에서 패배하며 위기를 맞는다.

지금이 오스트리아에서 독립할 기회가 아닐까?

털썩!

그래서 황제가 소수 민족 중 가장 큰 세력인 헝가리와 합의하여 제국을 유지했지요.

좋게 좋게, 응?

좋은 게 좋죠, 응?

그래서 탄생한 게 오스트리아-헝가리제국!

사실 민족 분포로 보면 제국 내 오스트리아, 헝가리 사람은 절반 정도밖에 되지 않았다.

나머지는 슬라브 계열이 많죠. 요즘같이 민족주의가 유행하는 시대에 이런 나라를 관리하는 건 정말 골치 아파요.

나 아직 안 죽었다. 누가 너한테 황제 자리를 금방 물려준다니?

→페르디난트→

←요제프

이 골머리 아픈 제국을 다스리던 이가 바로 84세의 프란츠 요제프 황제다. 자그마치 66년째 황제직을 유지하고 있었다.

황태자인 제 나이가 벌써 50이라고요.

삼촌 눈엔 아직 '아이'니라!

으앙!

그런데 황제는 조금도 바뀔 생각이 없었다.

영국의 입헌군주제를 본받으라고? 거긴 왕이 바지사장 아닌가?

11개 언어를 쓰는 각 민족들은 저마다 권리를 주장하고 변화를 요구했다.

좋은 자리는 전부 오스트리아 사람 차지야.

맞아, 맞아. 출세하려면 일단 오스트리아 사람이어야 해.

그게 아니면 헝가리 사람이든가.

남들이 우리를 뭐라고 부르는지 아세요? '다뉴브의 병자'래요.

쓸데없는 소리 말거라. 제국은 평화롭다.

자네는 좋아하는 사냥이나 하러 가게.

네! 헤헤헤.*

슉!

황제의 말처럼 겉보기에 제국은 평화로웠다.

구스타프 클림트

---

* 페르디난트는 유명한 사냥광이었다. 그는 호랑이를 잡기 위해 인도로 원정을 떠나기도 했고, 죽기 전까지 사냥한 동물의 수는 무려 27만 마리에 달했다.

1차대전 직전의 빈은 유럽 문화의 수도였다.

에곤 실레 그림 봤어?

헉!

빈의 화가들은 파리의 화가들을 거의 뛰어넘었고,

프로이트는 인간의 무의식이라는 새로운 영역을 탐구하고 있었다.

어젯밤 꿈이 너무 이상하다고요?

꿈 해몽 좀…. 돈 버는 꿈 아닌가요?

→ 프로이트

미국의 작가 마크 트웨인도 빈에서 은퇴 생활을 준비하고 있었다.

이제 《허클베리 핀의 모험》 같은 건 못 쓰죠.

중년의 모험?

→ 마크 트웨인

문화 수도, 빈에는 의외의 인물도 스쳐 갔다.

네, 저도 여기 살았어요. 저도 한때 미술학도였다니까요.

→ 젊은 히틀러

1913년 1월의 어느 날 해질 무렵 빈의 쇤브룬 공원에서는 기이한 만남이 이루어진다.

어휴, 화가로 언제 뜨나?

러시아에서 온 망명객 스탈린은 공원에서 산책하다가 맞은편에서 오던 미술학도 히틀러와 조우한다.* 당시의 빈이 아니라면 일어날 수 없는 일 중 하나였다.

큰일 치게 생겼군.

독재적으로 생겼네.

→ 젊은 스탈린

* 플로리안 일리스의 《1913년 세기의 여름》에 등장하는 에피소드. 히틀러와 스탈린이 그때 빈에 있었고, 쇤브룬 공원을 자주 들락거린 건 사실이나 실제로 이런 만남이 일어났는지는 불확실하다. 작가 플로리안 일리스의 재치 있는 상상력이 만들어 낸 장면이라고 할 수 있다.

빈보다 더 오래된 유럽의 문화 수도, 파리.

당시 프랑스는 군주정인 독일, 오스트리아-헝가리와는 달리 대통령제를 채택했다.

음… 지도를 가져 오시오.

넵!

푸앵카레 →

푸앵카레 정부의 대외 정책은…

첫째는 독일 조심. 둘째도 독일 조심.

셋째로 언젠가는 독일 놈들에게서 알자스-로렌을 되찾아 온다!

대통령 말이 맞아. 알자스-로렌은 우리 세대에서 꼭 되찾아 와야 해!

그럼, 그렇고말고.

하지만 지금 당장 영토를 되찾기엔 우리 힘이 부족하지 않나?

그건 그렇지.

프랑스는 오히려 독일에 식민지를 빼앗길까 걱정하는 처지였다.

그러니까 우리는 러시아와 동맹을 튼튼히 해서 독일 놈들이 또 쳐들어오지 못하도록….

…

그러나 프랑스가 믿던 러시아에도 바람 잘 날이 없었다.

일본과 전쟁에서 계속 패배해 전 유럽이 우릴 우습게 봅니다.

니콜라이 2세

승패는 병가지상사인데 뭘 그런 걸로 ….

← 외무장관 사조노프

심지어 무식한 백성들까지 우리를 우습게 봅니다.

뭐? 그건 곤란하지.

1905년 1월, 차르 정부는 겨울 궁전 앞을 메운 시위대를 무자비하게 진압해 1,000명 이상을 사살했다. 이른바 '피의 일요일' 사건이다.

타당! 탕!
탕!
으아!!!
차르!!!

이것을 계기로 혁명이 일어나고, 차르는 두마(의회)를 설치하는 등 타협안을 수락한다.

이로써 러시아가 입헌군주제로 변화하는 듯했지만, 두마는 '자문 기구'일 뿐이라 실질적인 변화는 없었다.

마음대로 떠들어라. 나는 관심도 없으니.

러시아는 정치적으로 중세적인 틀을 유지했을 뿐 아니라,

변화는 골치 아프다고.

경제적으로도 일부 대도시를 제외하면 여전히 유럽에서 가장 후진적인 농업 국가로 남아 있었다.

그래서 제가 산업화에 공을 들이고 있습니다.

시베리아 횡단 철도도 만들었거든요.

오스만제국만 없으면 저 해협들을 안심하고 통과할 수 있을 텐데.

그렇죠. 저기가 우리 수출의 절반 이상이 통과하는 곳이니….

참, 요즘 발칸반도는 어떤가?

당장은 별 문제없지만 언제 문제가 생길지 모르는 곳이라….

나중에 터키 쪽으로 내려가려면 거쳐야 하는 곳이니 관리 잘하게.

물론이죠. 오스트리아 놈들이 손대지 못하도록 늘 신경 쓰고 있습니다.

참, 8월에 프랑스 대통령 일행이 방문할 예정이지 않나?

네, 이쪽 준비는 잘되고 있습니다.

1914년 여름, 러시아와 프랑스는 정상 회담을 개최한다. 이것은 1차대전 개전의 큰 변수가 된다.

전 세계의 4분의 1을 차지하는 나라, 대영제국.

그런데 영국은 1899년부터 남아프리카에서 보어전쟁을 벌였다.

영국 놈들을 쫓아내자!

탕!

타당!

가능할까?

45만 명의 영국군이 남아프리카의 조그만 땅을 두고 현지 정착민 7만 명과 싸웠다.

요하네스버그 근처에서 금광이 발견되었거든요.

한 움큼 갖고 싶다.

번쩍 번쩍

1902년 전쟁은 영국의 승리로 끝났지만,

그렇지만…

열세의 적군을 상대로 엄청난 사상자가 발생했다.

이렇게 등장하고 싶지 않았어.

대영제국군 2만 2092명

현지 정착민(보어인) 6,189명

이 실속 없는 승리의 여파로 집권 보수당은 다음 선거, 즉 1906년, 1910년 선거에서 패배하고 말았다.

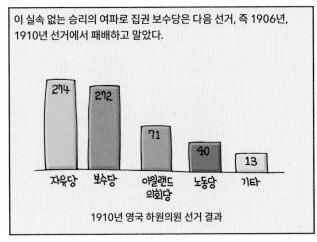

274 272 71 40 13

자유당 보수당 아일랜드 의회당 노동당 기타

1910년 영국 하원의원 선거 결과

어떤 이는 1차대전 발발 당시 보수당 정권이었다면 참전하지 않았을 거라고 말하기도 한다.

대륙에서 일어난 전쟁에는 관심 없어!

사실 1차대전 직전 영국의 가장 큰 걱정거리는 아일랜드 자치 운동이었다.

아일랜드는 1차대전 전에도, 전쟁 중에도 꾸준히 영국의 골칫거리였다.

1914년 봄, 아일랜드는 전면적인 내전을 벌이기 직전이었다.

* 허버트 애스퀴스(H. H. Asquith, 1852~1928): 1908년부터 1916년까지 재임한 영국의 총리.

마지막으로 삼국동맹의 한 축인 이탈리아.

솔직히 셋 중 우리가 제일 약하죠.

이탈리아

이탈리아는 1871년 통일 후 얼마 지나지 않아 제국주의적 야심을 드러냈다.

하지만 이래 봬도 로마제국의 후손 이잖아요.

스위스
이탈리아
오스트리아·헝가리 제국
보스니아 헤르체고비나 세르비아
알바니아

하지만 1895년 에티오피아에 쳐들어갔다가 대패하고 말았다.

에헤이, 자… 잠깐만….

으악!!!

탕!

탕!

절치부심하던 이탈리아는

영차, 영차!

끙! 끙!

하나만 더!

힘을 키울 거야!

1911년, 오스만제국에 전쟁을 선포하고 리비아를 침공했다.

침공!

Italien
Neapel
Sizilien
O.Malta
Rhodos
Kreta
Tripolis
Bengasi
Derna
Tobruk
Alexandria
Ägypten

LIBYA

이번에는 리비아의 주요 지역을 장악하는 데 성공했지요.

갑자기 뭐야?!

오스만제국

이 사건은 국제 사회에 잔잔한 파문을 일으켰다.

오스만제국이 저렇게 약한 줄 몰랐네. 이탈리아 한테도 깨지다니.

나, 운동 했다니까.

특히 발칸반도의 소국들은 이 기회를 틈타 이듬해인 1912년 오스만제국을 공격하여 영토를 얻어 냈다.

기회다!

으잉?

으악!

사실 이탈리아의 염원은 오스트리아 내에서 이탈리아어를 쓰는 트렌토와 트리에스테를 합병하는 것이었다.

본 조르노!!!

아직은 때가 아냐.

두 개만 더!

이탈리아는 땅을 빼앗기는커녕 더 뺏길까 걱정해야 하는 처지였다.

왜? 불만 있어?

아픈 곳을 계속 찌르네.

사실 이탈리아가 삼국동맹에 가담한 것도 독일에 붙어 오스트리아-헝가리제국을 견제해 달라는 뜻이 담겨 있었다.

그래요. 우린 아직 약해요.

허, 참!

슉!

됐나요?

만족해요?

하지만 나라가 약하다고 국민들의 기질도 약한 것은 아니었다.

우리는 전쟁을 찬양한다.

전쟁은 세상을 정화하는 유일한 방법이다!

전쟁 반대

전쟁 반대

단눈치오*

무솔리니**

---

* 가브리엘레 단눈치오(Gabriele D'Annunzio, 1863~1938): 이탈리아의 시인·극작가. 이탈리아의 팽창주의 정책을 지지했고, 1차대 전이 발발하자 적극적인 참전을 주장하기도 했다. 단눈치오를 이탈리아 파시즘의 선구자로 보는 이들도 있다.
** 베니토 무솔리니(Benito Mussolini, 1883~1945): 1920년대부터 2차대전기까지 이탈리아를 지배한 파시스트 지도자. 1차대전 발 발 이전까지만 해도 무솔리니는 유명한 사회주의 운동가였다.

사라예보 사건 당시 유럽 분위기는 대략 이러했다.

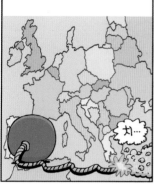

치…

신흥 강국 독일은 존재감을 확인하고 싶어 했고, 다민족 제국 오스트리아-헝가리는 신경질을 부리고 있었다.

그렇지만 나는 아직 배가 고프다!

버릇없는 세르비아 어린이들이 짐의 성질을 건드리는구나.

식민지들

다른 나라들은 각자 문제로 바빴다.

타는 냄새?

오븐을 열어 보라니까.

치…

하지만 주요국들이 동맹 체제로 묶여 있는 데다, 작은 나라를 '후원'까지 하고 있어 작은 사고가 의외로 큰 전쟁을 불러올 가능성이 상존했다.

세르비아는 내가 뒤를 봐주고 있다는 사실을 잊지 말게.

세르비아 놈들을 손봐 주고 싶은데 자네가 도와줄 텐가?

그럼, 그럼.

우리는 가만있을 줄 아남? 두고 보자, 러시아.

독일

오스트리아-헝가리제국

러시아

오스만제국

이런 상황 속에서 유럽인들은 전쟁을 '절대로 하면 안 되는 그 무엇'이 아니라, '필요하다면 할 수도 있는 것'이라고 생각하는 경향이 강했다.

전쟁은 정치의 연장이다.

과연!

딱!

전쟁론

우리 사민당 정도가 유일한 평화 세력이었습니다.

전쟁 반대

전쟁시 총파업!

SPD

그러나 사민당은 전쟁이 발발하면 스스로 입장을 바꾸게 되리란 걸 생각지도 못하고 있었다.

제가 말했잖아요..

사민당, 믿을 게 못 된다고 ….

총파업취소 독일만세!

SPD

베벨

실은 20세기 초 대전은 의외로 가까이 다가와 있었다.

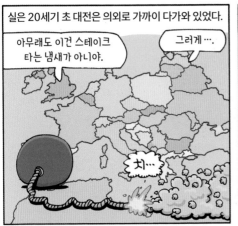

아무래도 이건 스테이크 타는 냄새가 아니야.

그러게….

치…

발칸전쟁이 한창이던 1912년 12월 8일.

다들 모였나?

넵!

몰트케

티르피츠

이번 달에 아마 오스트리아-헝가리가 세르비아를 공격할 거요. 그러면 분명 러시아도 개입하겠지.

그러면 우리도 전쟁을 피하기는 어렵소.

전쟁을 한다면 지금 하는 게 낫소.

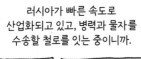

러시아가 빠른 속도로 산업화되고 있고, 병력과 물자를 수송할 철로를 잇는 중이니까.

전쟁을 1년 반만 연기해 주십시오. 해군이 아직 영국과 싸울 준비가 안 되어 있습니다. 유보트 기지 건설과 키엘 운하 확장이 완성되기 전까지는 해군은 전쟁에 돌입하기 어렵습니다.

Deutschland über Alles!
독일 최고!

어차피 해군은 그때 가서도 준비가 되어 있지 않을 겁니다. 전쟁은 피할 수 없고, 빠를수록 좋습니다. 지금 당장 전쟁을 결행합시다.

결과적으로 이때 독일은 전쟁을 일으키지 않았다.

이것이 당시 적절하게 중재한 영국의 외교 덕분이었는지, 아니면 독일의 전쟁 준비가 부족했기 때문인지는 불확실하다.

당시 유럽은 겉보기에는 평화로웠지만,

동시에 호전적인 분위기와 일촉즉발의 위기가 계속되었다.

하지만 유럽 각국의 지도자와 장군 들은 근대 국가가 최신 기술로 총력을 투입해서 싸우는 전면전의 가공할 파괴력을 전혀 알지 못했다.

▲ 민족주의 광풍으로 독일의 영웅이 되었기에 더더욱 숨겨야 했을 것이다.

빌헬름 2세의 왼팔

카이저는 날 때부터 왼팔에 장애를 입어서 평생 오른손으로만 생활했다.
밥을 먹을 때는 항상 뒤편에 고기를 잘라 주는 하인이 대기했고, 사진을 찍을
때는 늘 몸을 비스듬하게 돌려 팔 길이가 다르다는 걸 숨겼다. 당시 황실의
후계자에게 장애가 있다는 건 엄청난 약점이었으나, 재위 내내 거의 주목받지
않았다. 다른 수많은 기행에 비하면 이 정도는 약과였기 때문이었다.

3

7월의 위기

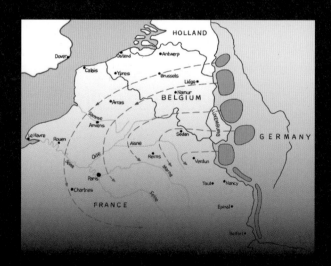

슐리펜 계획

접근 권한이 극도로 제한되었고, 원본이 2차대전 때 파괴되어
전쟁사학자들에게 끝없는 미스터리로 남았다.

프란츠 페르디난트의 죽음.

황태자의 죽음은 오스트리아-헝가리가 세르비아를 침공할 명분을 주었을 뿐 아니라,

니콜라 파시치*→

제국 내부 '비둘기파'의 수장이 사라지는 효과를 낳았다.

사실은 제가 세르비아 침공에 가장 반대하는 입장이었거든요.

그래, 콘라트가 제일 강경파였지.

세르비아 놈들이 우리를 배신하고 친러 정책으로 전향했는데, 가만있으면 모두 우리를 우습게 볼 겁니다.

페르디난트

콘라트→

세르비아의 황무지 땅 몇 뙈기를 얻으려고 돈과 인명을 왕창 투입하는 건 가성비가 너무 떨어지지 않나, 이 사람아.

그… 그건….

* 니콜라 파시치(Nikola Pašić, 1845~1926): 대전 발발 당시 세르비아 총리. 범세르비아 민족주의자로 유명하다.

콘라트가 좋아하겠군.

그게 무슨 소린가?

덜컹!

베르히톨트*

아… 아니, 사실은 그게 아니고….

괜찮네, 우리 사이에.

실제로 속이 시원한 감이 있네.

끼익!

콘라트는 제가 발탁해 키웠걸랑요. 그런데 저러고 있으니….

왜 갑자기 귀가 간지럽지?

이제 자네가 좀 나서 주게.

무슨 말인지 알겠네.

외무장관인 베르히톨트가 독일 카이저의 지원 약속을 받아 오란 뜻이었다.

그럼…

끼익!

세르비아를 칠 때, 러시아가 쳐들어오면 독일의 지원 없이는 힘들지.

그럼 이제부터 카이저에게 편지를 한 통 써 볼까.

이제 제국은 세르비아와 도저히 화해할 수 없는 상황에 이르렀습니다. 이참에 범슬라브주의의 중심 축인 세르비아 세력을 제거해야…. 그런데 러시아가 세르비아의 뒤를 봐주고 있어서…

* 레오폴트 베르히톨트(Leopold Berchtold, 1863~1942): 1차대전 발발 당시 오스트리아-헝가리제국의 외무장관.

7월 4일, 베르히톨트는 카이저에게 보내는 편지를 든 밀사를 독일로 파견했다.

다음 날 밀사는 베를린에 도착했고, 오스트리아 대사는 밀서를 바로 카이저에게 전달했다.

전쟁이 나면 독일은 프란츠 요제프 황제를 전면적으로 지원할 걸세.

이때 카이저가 정확히 어떤 문장을 썼는지는 분명치 않지만, 요지가 "오스트리아-헝가리가 세르비아와 전쟁을 하면 독일이 지원한다"라는 것은 확실하다.

그렇군요.

스테이크가 잘 익었군.

흔히 이를 두고 "카이저가 오스트리아-헝가리에게 백지 수표를 주었다"라고 표현한다.

하지만 '어떻게' 지원할지에 대해서는 말이 없었다는 게 함정.

베트만홀베크*

전쟁이 일어나기 위한 필요조건이 충족되었다.

끼릭!

이에 따라 소위 '7월의 위기'(July Crisis)가 본격화됐다.

이제 슬슬 선전포고를 준비해 볼까.

러시아는 카이저가 처리해 주겠지.

---

* 테오발트 폰 베트만홀베크(Theobald von Bethmann-Hollweg, 1856~1921): 당시 독일제국의 총리(재임 기간 1909~1917).

여기서 다시 한번 당시 유럽의 동맹 관계를 확인해 보자. 먼저 삼국동맹.

삼국동맹(Triple Alliance): 오스트리아−헝가리와 독일은 1879년 이래로 긴밀한 결속을 유지했다. 그 후 1882년 5월 양국은 비밀리에 이탈리아와도 상호 방위를 약속했고, 이런 관계는 1차대전 직전까지 계속 유지되었다.

우리 중에선 아무래도 독일이 제일 세죠.

그럼, 그럼. 이탈리아는 약하기도 하고, 아무래도 배신할 것 같아.

그리고 삼국연합.

삼국연합(Triple Entente): '삼국협상'이라 번역하기도 한다. 1894년 러불 동맹, 1904년 영불 협상, 1907년 영러 협상 등을 거치면서 영국, 프랑스, 러시아 세 나라 간 군사동맹이 이루어졌다.

여기선 영국이 제일 센 것 같은데, 프랑스도 약하다고 보긴 어렵지.

러시아는 약해 보이지만, 인구만 보면 가장 셀지도 ….

각국이 동맹 체제로 얽혀 있었기에 국지적인 충돌도 큰 전쟁으로 번질 수 있었다.

혼자서는 할 수 있는 게 없구먼.

이런 상황에서 유럽의 주요 국가들은 혹시 모를 전쟁에 대비해 구체적인 전쟁 수행 계획을 짜 놓았다.

100만 명을 5일 동안 기차 노선 3개로 실어 나르려면 …

슈퍼컴퓨터가 필요해!

독일에는 엄청난 계획이 있었다.
바로 슐리펜 계획!

** 이 대화는 슐리펜 계획과 몰트케가 수정을 한 슐리펜-몰트케 계획을 설명하기 위해 구성한 가상의 장면이다.

* 알프레드 폰 슐리펜(Alfred Graf von Schlieffen, 1833~1913): 1차대전의 전쟁 계획인 '슐리펜 계획'을 작성한 인물이다. 1899년과 1904년 사이에 작성한 계획을 은퇴한 후에도 죽을 때까지 수정했다고 한다.

슐리펜은 러시아 땅이 넓기 때문에 군대를 동원하는 데 엄청난 시간이 걸릴 거라고 예상했다.

러일전쟁에서 패하여 러시아군의 평가가 땅에 떨어진 것도 한몫했다.

어차피 러시아야 일본 한테도 지는 수준이라….

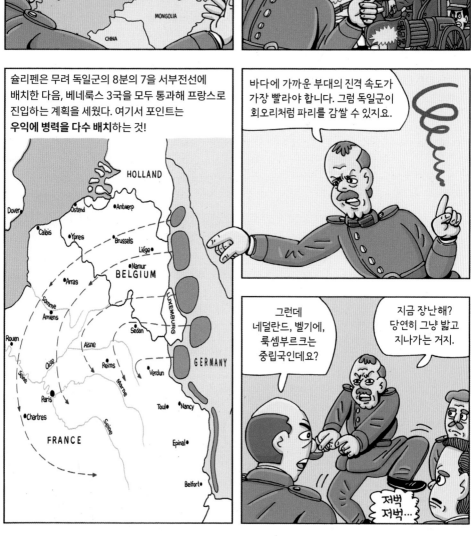

슐리펜은 무려 독일군의 8분의 7을 서부전선에 배치한 다음, 베네룩스 3국을 모두 통과해 프랑스로 진입하는 계획을 세웠다. 여기서 포인트는 **우익에 병력을 다수 배치**하는 것!

바다에 가까운 부대의 진격 속도가 가장 빨라야 합니다. 그럼 독일군이 회오리처럼 파리를 감쌀 수 있지요.

그런데 네덜란드, 벨기에, 룩셈부르크는 중립국인데요?

지금 장난해? 당연히 그냥 밟고 지나가는 거지.

저벅 저벅…

슐리펜의 계획에 따르면, 독일군은 중립국과 프랑스의 저항을 떨쳐 내고

척! 척!

6주 안에 파리를 점령할 예정이었다.

엽서에서 본 적 있어!

사진 찍자!

그런데 왜 독일-프랑스 국경이 아니라 중립국들을 다 통과해야 합니까?

아, 좋은 지적이군.

부럽다.

딱!

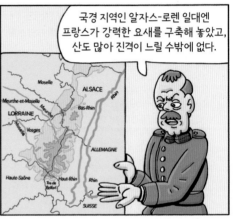

국경 지역인 알자스-로렌 일대엔 프랑스가 강력한 요새를 구축해 놓았고, 산도 많아 진격이 느릴 수밖에 없다.

이 작전의 핵심은 속도! 무슨 수를 써서라도 6주 안에 파리를 점령해야 한다.

대충 이해가 되는군요.

무슨 말이라도 해 봐.

작전은 좋지만, 너무 극단적인 것 같아. 조금만 손보면 더 나은 계획이 되겠지?

이때 프랑스는 계획이 없었을까?

그럴 리가 없잖아요?

조제프 조프르

프랑스에는 독일군과의 전쟁을 대비한 '17호 계획(Plan XVII)'이 있었다.

PLAN XVII

17호 계획이면 15호, 16호도 있었냐고요? 물론이죠.

이전 계획들은 너무 방어적이야!

PLAN 15

PLAN 16

PLAN XVII

휙!

프랑스는 1871년 보불전쟁에서 패한 뒤 끊임없이 독일전을 준비해 왔다.

두고 보자. 독일 놈들.

알자스-로렌 국경엔 산과 요새가 많으니, 독일군이 침공한다면 벨기에 쪽으로 돌아서 오지 않을까요?

쯧쯧…

바로 국경을 넘는 게 빠르지, 남의 나라를 거쳐 오는 게 빠르겠나?

우리는 침공하는 독일군에 정면으로 맞서 싸워서 이기고,

잃어버린 알자스-로렌을 되찾을 것이다!

17호 계획의 핵심은 프랑스–독일 국경의 지형을 감안해 프랑스군을 배치하고, 전쟁이 일어나면 일제히 독일 쪽으로 진격하는 것이었다.

받아라, 독일 놈들아!

펑!

얘들아, 우회하자!

펑!

← 프랑스군 75mm 야포

사실 독일군이 국경으로 쳐들어 왔다면 나쁘지 않은 전략이었다.

거봐, 나쁘지 않다잖아.

하지만 독일군은 '슐리펜 계획'에 따라 벨기에를 통과했기 때문으로 결과적으로 17호 계획은 독일을 도와주는 꼴이었다.

집을 비운 셈 ….

빨간 화살표 가리지 마요!

저도 벨기에 쪽을 아예 생각하지 않은 건 아니에요.

벨기에는 중립국이기도 하지만 전통적으로 도버해협 건너편에 있는 '영국의 뒤뜰'이었다.*

음, 돌 던지면 닿겠네.

*   1839년 런던 조약으로 영국을 포함한 5개 열강이 벨기에의 중립을 보장했다.

독일이 벨기에를 치면 영국이 개입할 테니 어렵다. 이렇게 본 거죠.

그렇죠, 영국 신사?

에?!

사실 슐리펜 계획의 이상한 점 중 하나는 영국의 개입을 별로 의식하지 않는다는 것이었다.

췌!

영국군이 건너오면 베를린 경찰을 보내 체포해 버리겠다.**

** 영국은 모병제라서 상비군 숫자가 매우 적었기 때문에 이런 농담을 한 것이다.

78   제1차 세계대전

한편 빈.

끼익...

빌헬름 2세가 오스트리아-헝가리 대사에게 백지 수표를 전해준 순간부터 본격적인 위기가 시작되었다.

카이저가 뒤를 봐주기로 약속했습니다.

바로 세르비아를 치러 갑시다!

하지만 헝가리의 수상인 이슈트반 티사*는 전쟁에 동의하지 않았다.

전쟁이 발발하면 제국의 안정이 깨질 걸세.

받아들일 수 있는 정도의 요구 사항을 보내야지.

티사

두 주전론자가 헝가리 수상을 설득하는 데 꼬박 일주일이 걸렸다.

이제야 결재가 떨어졌어.

7월 14일.

먼저 세르비아에 완전히 굴복을 강요한 후 수락하지 않으면 공격하는 걸세.

그럼 내가 최후통첩을 보내지.

우리의 요구 사항을 하나라도 안 들어주면 전쟁이다.

번쩍!

---

* 이슈트반 티사(Istvaˊn Tiszar, 1861~1918): 오스트리아-헝가리제국에서 헝가리를 대표한 수상. 참고로 프란츠 요제프는 오스트리아 황제 겸 헝가리 왕이었다.

통첩문은 7월 19일에 최종적으로 완성되었다. 10개 항으로 구성된 요구 조건을 세 가지 정도로 요약하자면 다음과 같다.

1. 오스트리아-헝가리제국에 반대하는 선전 활동을 금지한다.

2. 페르디난트 대공 암살에 관련된 인물들을 즉시 체포하고 처벌한다.

3. 2의 실행에 오스트리아-헝가리제국의 대리인이 참여하도록 한다.

이 정도면 완벽하지!

편지 보냈나?

아니, 아직.

덜컹!

일단 보내지 말고 기다려 보게.

그게 무슨 소린가?

다른 나라가 알아채기 전에 빨리 보내야 하지 않나?

지금은 곤란하네. 보내는 걸 미뤄야 하는 이유가 있네.

7월 20일부터 프랑스 대통령 푸앵카레가 상트페테르부르크에서 차르 니콜라이 2세와 회담할 예정이거든.

지금 최후통첩 소식이 러시아로 들어가면 당연히 두 나라가 공동 대응하지 않겠나?

뭐라고? 오스트리아-헝가리가 세르비아에 최후통첩을?

뭔데? 뭔데?

그건 그렇네 ….

일단 푸앵카레 일행이 러시아를 떠날 때까지는 기다려 보자고.

최후통첩문은 7월 23일에야 세르비아 측에 전달되었다.

프랑스 대표단이 러시아를 떠났다고?

오케이!

베르히톨트는 치밀하게 움직였다.

따르르 르르 …

당시 프랑스 대표단은 전함을 이용해 러시아로 이동했는데,

GERMAN EMPIRE

그는 독일 정부에 프랑스 전함이 독일 근처를 지날 때 무선 교신을 교란시켜 줄 것을 요청했다.

몰트케 선생, 부탁이 하나 있는데 ….

뭔데? 말만 하게.

잡음이 너무 많아서 신호를 잡을 수 없습니다.

돌고래 소리인가?

전함 함교

그러나 베르히톨트의 계산대로만 되지는 않았다. 최후통첩 계획은 독일과 이탈리아를 거쳐 각국에 퍼져 나간 상태였고, 프랑스 대표단도 이미 오스트리아의 계획을 어느 정도 알고 있었다.

한편
최후통첩을
전달받은
세르비아는…

오스트리아가
우리나라에서
경찰권 행사를
하겠다고?!!

이건 우리나라의 주권을
완전히 무시하는 태도요,
절대 승복할 수 없소!

승산이 없는 전쟁을
시작할 수는 없소.
수용하는 게 맞다고
봅니다.

저쪽은 황제의
후계자가
죽었으니 그럴
만도 하지.

세르비아 각료

그런데 총리님은
어디 가셨나?

그러게.
오늘 하루 종일
안 보이네.

총리님은 선거 운동을
하러 지방으로
내려갔답니다.

…

총리가 없는 사이 각료들은 통첩을 무조건 수용하는 쪽으로
의견을 모았다.

별수 있습니까?
오스트리아와 전쟁을
하기에는 우리가 너무
약하잖아요.

인정하기 싫지만
맞는 말일세.

…

내일 아침에 총리님께서
돌아오시면 다시 회의합시다.

그럼!
그럼!

아무렴요.

끄덕 끄덕…

세르비아의 총리 니콜라 파시치는 다음 날 새벽이 돼서야 관저에 도착했다.

무슨 일 있었나?

자리를 비우신 사이 난리가 났습니다.

7월 24일 아침.

이런 굴욕적인 요구는 원칙적으로 받아들일 수 없지!

파시치 →

…만, 현실적으로 받아들일 수밖에 없지 않겠소?

오스트리아-헝가리제국은 7월 25일 오후 6시까지 회신하라고 요구했다.

7 July
25
7 July
2

그런데 그날 오전, 러시아에서 긴급 전문이 날아왔다.

제발 노크 좀….

차르가 우리를 전폭적으로 지원한답니다!

덜컹!

답변서 새로 쓰게. 다른 건 오케이지만 오스트리아 경찰이 직접 조사하게 할 수는 없다고.

넵!

7월 25일(토요일) 오후 5시 55분.

철수 하시려 고요?

파시치는 오스트리아 대사를 직접 찾아가서 답변서를 전달했다.

네, 이걸로는 전쟁을 피할 수 없을 것 같아요.

이제 정말로 전쟁이 가까워지고 있었다.

한편 세르비아를 지원하겠다고 약속한 러시아는 25일부터 비밀리에 병력을 동원했다.

아직 실제로 동원하는 건 아니고요. 러시아는 땅이 넓어서 미리 준비부터 해 두지 않으면 병사들이 제때 전선에 가지도 못해요.

파시치 →

우리도 같은 날 동원을 시작했어요.

← 니콜라이 2세

한편 적극적으로 전쟁을 말린 사람도 있었다.

제가 바로 그중 한 명입니다.

전쟁 싫어!

슥!

에드워드 그레이 →

다시 7월 23일의 런던으로 돌아가 보자.

뭐? 오스트리아-헝가리가 세르비아에 최후통첩을 보냈다고?

오스트리아가 세르비아를 치면 분명 러시아와 독일도 개입할 것이고,

결국 우리도 전쟁에 엮여 들 수 있다.

* 에드워드 그레이(Edward Grey, 1862~1933): 1905~1916년 사이 영국의 외무장관을 지낸 정치가. 영국과 프랑스의 동맹을 통해 독일에 대항하는 한편, 유럽 내 분쟁을 조정하는 데도 힘을 쏟았다.

이렇게 판단한 그는 바로 행동으로 옮겼다.

어이, 고틀리프. 그동안 잘 지냈나?

국무장관인 자네가 오스트리아를 좀 말려 주게.

세르비아 같이 작은 나라를 공격해서 뭐 하겠나.

우린 러시아에 전쟁 준비를 취소하라고 설득하겠네.

…

고틀리프 →

아니, 오스트리아가 세르비아를 공격한다고? 나는 모르는 일일세.

하지만 설사 그런 일이 있었다 해도 그건 내정 문제니 우리가 간섭할 수 없네.

러시아 쪽의 반응도 신통치 않았다.

사조노프,

자넨가?

같은 날 러시아의 수도, 상트페테르부르크.

전쟁을 막자는 자네 말이 맞고, 나도 그렇게 하고 싶네만… 결국 독일이 동의하지 않으면 말짱 헛짓 아닌가?

…

← 사조노프

독일 수뇌부는 전혀 물러설 생각이 없었다.

카이저빌헬름 2세

베트만홀베크총리

몰트케참모총장

팔켄하인육군장관

1914년, 즉 지금이야말로 독일이 러시아에 대한 '예방 전쟁'을 감행할 절호의 기회입니다.

러시아의 국방 개혁이 완성되는 1917년이 되면 전쟁을 하고 싶어도 할 수 없기 때문입니다.

결국 사조노프 말이 맞아.

독일이 고집을 꺾지 않으면 별수 없지.

하지만 유럽 사람들은 아직도 전쟁을 전혀 예감하지 못하고 있었다. 이는 그동안 독일과 오스트리아가 비밀을 잘 유지했다는 뜻이기도 하다.

영국은 전쟁을 전혀 실감하지 못하는군.

지난 며칠 동안은 내각에서 외무부 안건을 논의해 본 적도 없지.

하지만 하루 사이에 분위기가 정반대로 바뀌었다.

척척척척...

7월 25일 토요일.

고틀리프! 베르히톨트! 사조노프!

아무도 없는가?

그레이가 어제 연락을 남겼다고? 몰라, 오늘은 일요일이잖아.

답변이 늦어 죄송합니다. 하여간 중재는 필요 없습니다.

베르히톨트

누차 말하지만, 우리만 어떻게 한다고 될 일인가.

사조노프

7 26

← 고틀리프

사조노프

7월 27일 월요일, 영국 런던 내각회의.

막아 보려고 노력했지만 결국 전쟁이 발발할 것 같습니다.

우리도 참전할지, 중립을 지킬지 결정해야 합니다.

물론 이 회의에서 당장 결론이 나오지는 않았다.

해군장관이었던 처칠은 회의가 끝나자마자 움직였다.

Top Secret; 전 세계의 대영제국 함선에게; 전쟁 발발에 대비하라. 전투 준비. 훈련이 아님.

슥삭슥삭

처칠

한편 오스트리아에선 베르히톨트와 콘라트가 선전포고 시기 문제로 싸우고 있었다.

지금 당장 선전포고를 해야 하네. 지금이 타이밍일세.

하지만 아직 동원이 끝나지 않았다니까, 이 사람아.

8월 12일 정도가 적당하다고.

결국 베르히톨트가 이겼고, 다음 날 오스트리아-헝가리는 세르비아에 공식적으로 전쟁을 선포했다.

와~아!!!

신성한 군주국을 위협하는 사악한 적을 물리치기 위해 어쩔 수 없이 전쟁을 선포한다.

프란츠 요제프

아…아!

7월 29일 AM 1:00.

다뉴브강 위에 있던 SMS 보드로그를 비롯한 세 척의 모니터함*이 베오그라드의 칼레메그단 요새를 향해 발포하기 시작했다.

펑!!!

펑!!!

진짜 전쟁이 시작된 것이다.

쾅!

펑!

하지만 요새가 워낙 튼튼해 별 피해는 없었고,

이게 선전포고인가?

위협사격 아닐까?

세르비아전선에서 전투다운 전투는 콘라트의 말대로 8월 중순이 되어야 시작되었다.

거봐, 내 말이 맞다니까….

* 모니터함: 주로 강에서 활용하는 군함의 한 종류. 비교적 작은 함선이지만 상대적으로 대구경포를 장착한다.

그런데 그 전날 베를린에서는 큰 소동이 있었다.
휴가에서 돌아온 카이저가 세르비아의 답신을 읽더니 …

이 정도면 세르비아가 요구를 거의 수용한 것 아닌가.

아닌데요.

내가 보기엔 맞는 것 같아. 오스트리아에 베오그라드를 점령하면 멈추라고 하게.

갑자기 카이저의 태도가 돌변한 이유는 확실하지 않다.

자네들 너무 성격이 호전적이야. 세계의 평화가 우리 손에 달렸는데.

…

러시아의 니콜라이 2세가 카이저를 설득한 게 아닌가 추정하기도 한다.

독일과 러시아는 사이가 좋을리 없지만, 저랑 니키*는 사촌지간이거든요.

1차대전은 유럽 왕실 입장에서 보면 일종의 '집안싸움'이었다.

당시 유럽 왕가는 모두 인척 관계였습니다.

어차피 결혼할 만한 가문은 정해져 있으니까요.

좀 닮은 것 같긴 하네.

↑ 조지 5세   ↑ 빌헬름 2세   ↑ 니콜라이 2세   ↑ 프란츠 요제프

*   니키: 니콜라이 2세의 애칭. 니콜라이 2세는 빌헬름 2세를 '윌리'라는 애칭으로 불렀다.

특히 카이저 빌헬름 2세와 차르 니콜라이 2세는 사적으로도 친한 사이였다.

니키!

짝!

윌리!

조카는 요즘 건강한가?

건강하다네!

그들은 전쟁 직전의 급박한 상황에서도 사적으로 전보를 주고받았는데, 이는 '윌리와 니키의 대화록'이라는 이름으로 남아 있다.

이런 심각한 순간에 자네가 나를 좀 도와줬으면 좋겠네. 조만간 나는 전쟁을 불러올 극단적인 조치를 취하지 않을 수 없을 것 같네.

슥삭 슥삭

유럽전쟁이라는 참화가 일어나지 않기 위해 오랜 친구인 자네가 오스트리아를 설득해 주기를 부탁하네.

사촌의 부탁을 모른 척할 수 없지.

나는 쓸 수 있는 모든 영향력을 사용해 오스트리아가 자네와 만족스러운 결과를 만들 수 있도록 노력하겠네.

자네도 나의 노력을 도와줄 것을 믿어 의심치 않네.

슥삭 슥삭

이들이 주고받은 내용이 진심이었는지는 확실치 않다.

윌리는 개인적인 친구고, 전쟁은 나랏일이니까요.

진실이 무엇이든 간에, 이제 카이저는 전쟁이 커지는 걸 바라지 않았다. 두려워진 것이다.

큰 전쟁이 나면 나한테 좋을 게 뭐 있나?

하지만 베트만홀베크와 몰트케는 세부적으로는 의견 차이가 있지만 일단 러시아, 프랑스와 싸우고 싶어 했다.

지금 와서 모든 계획을 바꿀 순 없다.

특히 몰트케는 자신이 세운 전쟁 계획을 실천하고 싶어서 몸이 달아 있었다.

카이저, 이 미친 영감탱이! 이제 와서 방해를 해?

콰!

그런데 두 사람뿐 아니라 군부와 외무성까지 카이저의 소극적인 의견에 내심 반대했다.

이게 나라냐?

그러게.

이때부터 하루 이틀 동안 일종의 쿠데타 상황이 벌어졌다.

카이저가 뭐라 하든 신경 쓰지 말고 내 말대로 해!

…

네… 에….

육군장관 팔켄하인은 카이저에게 협박하듯이 말했다.

폐하, 지금 전쟁을 취소하자 하시면 장군들이 더 이상 제 말을 안 들을지도 모릅니다.

다음 날인 7월 29일 오전, 몰트케와 팔켄하인은 베트만홀베크를 찾아갔다.

러시아 국내에서 부분적으로 병력 동원이 있으니,

이걸 전쟁 위협으로 간주하고 선전포고합시다.

그럴 수야 있나.

팔켄하인

몰트케

베트만홀베크

정치가인 베트만홀베크가 군인과 다른 게 바로 이런 점이다.

첫째, 러시아 쪽에서 먼저 공격하지 않으면 우리에게 명분이 없고,

둘째, 우리 쪽에서 먼저 공격하면

의회 1당인 사회민주당에서 동원을 거부할지도 모르네.

헐…

베트만홀베크는 전쟁의 불가피성은 인정했지만, 최대한 신중을 기하려 했던 것 같다.

솔직히 너무 위험한 도박 아닌가.

그는 동료들에게는 러시아의 선제공격을 원한다고 말하면서도 러시아에는 이렇게 경고했다.

러시아가 동원을 시작하면 우리도 따라갈 수밖에 없지요.

윽…

← 사조노프

이때까지는 차르도 '부분적인 동원'만을 승인한 상태였다.

흥분을 좀 가라앉히자는 말일세.

…

러시아 참모총장 야누시케비치

그런데 이날 저녁 베트만홀베크는 영국에 있는 독일 대사에게서 청천벽력 같은 소식을 들었다.

방금 그레이 외무장관을 만났습니다. 그런데…

!

독일이 프랑스를 공격하면 자신들도 참전할 수밖에 없다고 합니다!

베트만홀베크

영국 주재 독일대사 리히노프스키

영국까지 끼어들면 도저히 이길 수 없어.

프랑스와 러시아를 상대하는 것도 버거운데.

다음 날, 그러니까 7월 30일 오전 베트만홀베크는 오스트리아에 전보를 보냈다.

뭐?!

동원을 중단하고 영국이 제안한 **4자회담**에 참여하시오.

그런데 같은 날 오후 몰트케는 오스트리아에 다른 내용을 담은 전보를 보냈다.

에?!

러시아의 동원에 강력히 맞서라. **독일**도 동원할 것이다. - 독일군 참모총장 **몰트케**

베트만홀베크와 몰트케의 말이 다르지 않나? 지금 독일 정부를 움직이는 건 누구인가?

그게….

분명 몰트케의 월권이었다. 총리가 전쟁을 말리는데, 참모총장이 전쟁을 추진했으니.

찌릿!

하지만 베르히톨트는 몰트케의 지시를 존중했다. 그는 총동원 명령서를 작성하여 프란츠 요제프 황제에게 재가를 요청했다.

휘리릭!

이러한 강경한 흐름은 러시아에서도 재연되었다. 베트만홀베크와 몰트케가 오스트리아에 전보를 보내던 때, 사조노프와 야누시케비치는 차르를 조르고 있었다.

우리도 당장 군대를 총동원하지 않으면 안 됩니다.

전쟁은 **타이밍**이 생명입니다.

야누시케비치

마침내 차르도 총동원을 승인했다.

그래, 총동원을 선포하게.

넵!

혹시 차르의 마음이 변할지 모르니 **전화통을 박살** 내게.

이제 오스트리아-헝가리와 러시아의 총동원이 시작되었다.

러시아도 어제 총동원령을 내렸다고 합니다.

내가 러시아에 전쟁 준비를 중단하라는 최후통첩을 보내겠소.

휙!

독일은 러시아뿐 아니라 프랑스에도 통첩을 전달했다.

물론 몰트케는 러시아도, 프랑스도 독일의 요구를 들어줄 리 없다는 걸 알고 있었다.

이런 걸 '답정너'라고 하나요?

8월 1일 오후 7시, 러시아 주재 독일 대사 포우르탈레스는 사조노프에게 독일의 선전포고를 알렸다.

당신이 나한테 이럴 수가 있나?

미안하지만 나도 어쩔 수가 없네.

포우르탈레스

오랜 친구 사이였던 둘은 이 순간 함께 껴안고 통곡했다고 한다.

사조노프는 전쟁을 주도했다는 욕을 먹기도 하지만, 적극적으로 전쟁을 추진하지 않았다고 변호하는 측도 있다.

제가 몰트케나 콘라트같이 나쁜 놈은 아니거든요.

울다가 갑자기 왜?

각국이 동원을 시작했기에 독일이 뭐라든 프랑스도 서둘러야 했다.

러시아도, 독일도 이미 군대를 움직이고 있다고요!

8월 1일 프랑스 내각은 총동원을 결의했다.

이참에 독일을 무찌르고, 알자스-로렌을 되찾아 옵시다!

넵!!!

조르프 푸앵카레

파리의 거리에 메가폰이 울려 퍼졌다.

휴가 중인 장병은 즉시 자대로 복귀하라!

뭐야? 전쟁인가?

잉! 자기 휴가 첫날에….

이어서 프랑스와 독일은 서로에게 선전포고를 했다.

이때는 이미 독일군이 룩셈부르크 국경을 넘은 상태였다.

그리고 마침내 독일이 걱정하던 일이 벌어졌다.

우리가 프랑스, 러시아, 영국을 다 이길 수 있을까?

하지만 독일군은 이미 진군 중이었다.

8월 4일에는 벨기에 국경을 넘었다.

이후에도 여러 나라의 **선전포고**와 **중립선언**이 이어졌다.

주요 참전국이 이미 확정되었기에 또 어느 나라가 참전하건 큰 의미는 없다.

다만, 일본이 뒤늦게 독일의 반대쪽으로 참전한 건 주목할 만하다.

한참 동안 눈치를 보던 일본은

8월 23일 결국 연합국 쪽에 붙었다.

줄을 잘 서야죠. 안 그래요?

쪼르르…

앞서 말했듯이, 우리의 독립을 앞당길 수도 있었지요. 아쉬운 일입니다.

왜 때리고 싶지?

하여간 당시 사람들의 용어로 '대전쟁(Great War)'이라 불렸던 길고 긴 제1차 세계대전은 이렇게 시작되었다.

투투투투투투…

쾅!

▲ 어릴 때는 군인에 흥미가 없어 법학을 전공했다고 한다.

슐리펜 계획의 끝없는 재평가

전후 독일은 슐리펜 계획이 실패한 주요 원인으로 몰트케의 수정을 꼽았다. 하지만
20세기 말, 존 키건 등의 학자들은 슐리펜이 수송 문제를 지나치게 낙관적으로
계산했다고 비판했다. 이후 일부 자료가 공개되자 슐리펜은 러시아와 프랑스 모두를
적으로 삼을 생각이 없었다는 주장이 제기됐다. 1차대전 독일의 전쟁 계획은 슐리펜
계획이 아닌 몰트케 계획으로 보아야 한다는 등 여전히 논쟁이 지속되고 있다.

4

개전

빅 베르타

연합군이 420mm라는 어마어마한 구경에 적잖은 충격을 받았는지,
찰리 채플린의 영화에 등장하거나 골프 드라이버의 이름으로 쓰이는 등
상징적인 이름으로 남았다.

'7월의 위기' 상황에서 가장 큰 변수는 영국의 입장이었다.

영국이 입장을 일찍 결정했다면, 전쟁을 막을 수도 있지 않았을까?

영국이 워낙 해상 강국이라서 눈치를 볼 수밖에 없거든요.

← 카이저

영국은 위기 초반부터 관심 자체가 적었다.

…

웬만하면 대륙의 분쟁에는 말려들고 싶지 않기도 했고 …

우리한테 무엇보다 중요한 건 아일랜드 문제니까요.

조지 5세

게다가 권력이 집중되어 있는 국가들과는 달리, 입헌군주제와 의원내각제를 채택하고 있는 영국은 정책 결정의 키맨이라고 부를 수 있는 사람이 없었다.

그나마 제가 담당자라고 봐야죠.

사조노프   콘라트   몰트케   그레이

이건 다른 나라의 입장에서도 답답한 일이었다.

쟤들은 도대체 무슨 생각을 하는 건지?

그레이는 7월 내내 발칸의 사건이 국제전으로 번지는 것을 막기 위해 동분서주했으나

동분서주

8월 1일이 되어서도 영국의 입장을 공식적으로 표명할 수 없었다.

전쟁이 나면 프랑스를 도와주기로 했잖아요.

맞죠? 제발 말을 해요.

제가 지금 동분서주 중이라….

캉봉*→

이 때문에 베를린에서는 큰 소동이 일어났다.

8월 1일, 독일의 카이저가 직접 전시 총동원령에 서명했다. 그런데 바로 다음 순간…

아무리 그래도 프랑스와 러시아를 동시에 상대해도 되는 걸까….

…

폐하!

폐하!

베트만홀베크

몰트케

무슨 일인가?

런던에 있는 우리 대사에게서 전문이 왔습니다.

어디 보자….

'독일이 프랑스만 공격하지 않으면' 영국은 중립을 지키고, 자기가 프랑스의 참전도 막겠다고 합니다.

헉!!!

---

*   폴 캉봉(Paul Cambon, 1843~1924): 영국 주재 프랑스 대사.

이제 러시아만 상대하면 된다.

몰트케!

전군을 동쪽 러시아전선으로 이동시켜라!

그건... 그건...

그건 안 됩니다!

엥?

몰트케는 슐리펜 계획을 변경할 생각이 없었다!

폐하, 지금 와서 방향을 바꾸는 건 불가능합니다.

수백만 명이 기차를 타고 서쪽으로 이동하고 있다고요.

안 되는 게 어디 있나? 내가 황제인데 하라면 해야지!

지금 우리 군이 동부전선에 가면 보급품이 없어 쫄쫄 굶는 거지떼가 되고 말 겁니다!*

* 하지만 전후에 당시 병참을 담당한 장교들은 전선의 전환이 가능했다고 증언했다.

카이저와 몰트케는 계속 논쟁을 벌였고,

마침내 카이저가 불쾌한 표정으로 말했다.

...

자네 삼촌이라면 안 된다는 말은 안 했을 걸세.

헉!

몰트케의 삼촌은 소국으로 분열해 있던 독일의 통일을 이룬 위대한 프로이센 장군, 대(大)몰트케.

대(大)몰트케

늘 삼촌 몰트케와 비교되며 살아 온 몰트케는 그 말이 뼈아팠다.

일단 프랑스 국경에서 멈추겠습니다. 그리고 추이를 살펴보지요.

당연히 그래야지.

곧이어 카이저는 영국의 왕 조지 5세에게 전보를 보내 감사를 표했다.

덕을 봤으면 인사치레라도 해야지 않겠나.

타닥...탁

그런데 …

지금 카이저가 무슨 소리를 하는 건가?

뭔가 오해가 있는 것 같습니다.

우리는 카이저가 고마워할 만한 일을 한 적이 없는데요.

독일 대사가 보낸 내용은 그야말로 완전히 오해였고, 시간만 낭비한 채 상황은 원 상태로 돌아왔다.

런던 대사 놈은 왜 헛소리를 해서 …

슐리펜 계획의 핵심은 타이밍인데 ….

다음 날부터는 섬나라 영국의 분위기도 달라졌다.

제발! 플리즈!!!

알았다니까요. 저도 대사님 생각과 같다니까요!

영국 내각은 영국과 가까운 프랑스 해안이 침범당하면 참전한다는 입장을 정했다.

만족해요?

이것만 해도 어디냐.

딸깍!

실은 독일군이 벨기에를 통과할 때 영국의 참전은 기정사실화되었다.
Britain
Dover
Ostend
Calais
Ypres
BELGIUM
Arras
Somme
Amiens
LUXEMBURG
Le Havre
Rouen
Sedan
Aisne
Oise
Reims
Verdun
Marne
Seine
Paris
Chartres
Toul
FRANCE
벨기에는 영국의 앞마당이나 다름없으니까요.
독일군이 벨기에와 프랑스를 짓밟는다면 다음은 우리 차례 아닙니까?
8월 3일, 에드워드 그레이는 하원에 나가 한 시간 동안 연설하며 참전을 확정 지었다.
이로써 영국의 참전도 확정되었다.
짝짝짝…
짝짝짝짝…
그날 저녁, 그레이는 어느 신문 기자에게 다음과 같은 유명한 말을 남겼다.
전 유럽의 등불이 하나씩 꺼지고 있네. 우리 생애에는 다시 등불을 켜지 못할 걸세.
그때쯤 독일은 **벨기에**를 협박하고 있었다.
알베르에게. 따지고 보면 우린 먼 친척뻘 아닌가. 우리가 좀 바빠서 그러니, 미안하네만 독일군이 프랑스로 가는 길만 열어 주게. - 빌헬름 2세
벨기에 국왕 알베르 1세
벌벌 벌벌
길을 내달라니? 우릴 뭘로 아는 거야?
버럭!!!
제가 그런 것 아닌데요….

벨기에는 작은 나라지만 자존심이 없지는 않았다.

우리가 없이 살아도, 독일 놈들에게 고개 숙일 순 없습니다.

8월 4일 아침.

척! 척! 척! 척! 척! 척!

독일군 34개 사단이 벨기에로 진입했다.

영국은 뒤늦게서야 독일이 되돌아가지 않으면 개입하겠다고 경고했다.

오늘 자정 (독일 시간)이 시한이라고?

웃기고 있네.

당시 영국의 해군장관이었던 윈스턴 처칠은 개전 상황을 이렇게 묘사하고 있다.

오후 11시(독일 시간 자정), 빅벤이 종을 울리자 제독들이 모여 있는 해군성 안은 잠깐 동안 침묵에 휩싸였다.

곧이어 전 세계의 영국 함정에 전문이 날아갔다.

"독일에 맞서 전투를 시작하라."

처칠

한편 서부전선에서는…

독일은 선전포고 전부터 매일 550량의 기차를 이용해 병사들을 실어 날랐고

착척…
착척…

7개 군으로 이루어진 약 150만의 병력을 국경 근처에 배치했다.

게베어 98로 무장

몰트케는 네덜란드는 피하기로 했다.

네덜란드까지 치는 건 무리. 영국이 해상을 봉쇄하면 네덜란드를 보급로로 쓸 수도 있고 ….

우익에 극단적으로 편중되었던 병력도 좌익으로 분산시켰다.

프랑스 쪽 국경에 우리 병력이 거의 없는 건 말이 안 되니까요.

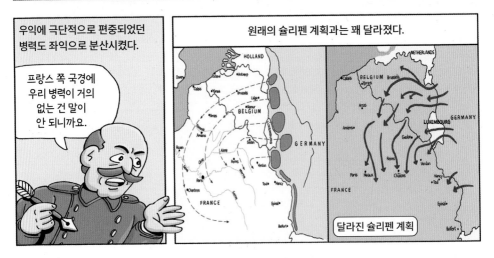

원래의 슐리펜 계획과는 꽤 달라졌다.

달라진 슐리펜 계획

몰트케가 서부전선에 배치한 1군에서 7군까지 병력을 보면 다음과 같다.

벨기에 쪽으로는 독일 1~3군 34개 사단이 진입했다.

클루크
(1군 사령관)

뷜로
(2군 사령관)

하우젠
(3군 사령관)

동부전선에는 프리트비츠가 지휘하는 8군 달랑 하나.

저 프리트비츠가 제일 걱정이에요. 혼자서 러시아군을 감당할 수 있을까….

휴…

한편 프랑스군은…

독일군이 움직입니다!

좋다, 우리는 알자스-로렌으로 움직인다!

조프르

앞서도 언급했듯이 이는 독일을 도와주는 격이었다.

너희가 거기서 놀 동안, 우리는 파리로 진격한다!

진격!

그럼에도 독일의 계획은 시작부터 난관에 봉착하는데…

원래는 이틀 만에 리에주를 점령할 계획이었는데요.

쩝…

벨기에는 결사 항전을 준비했다.

아니, 시간이 없어서 벨기에를 통과하겠다니?

우릴 뭘로 보는 거야!

부들부들…

알베르 국왕

독일군 진격 경로에 있는 강의 교량과 터널을 모두 폭파하라. 거기에 덧붙여, 리에주 요새 사령관에게 요새를 끝까지 사수하라고 전하게.

두고 보자, 아주 그냥!

넵!

여기서 잠깐 리에주가 어떤 곳인지 알아보자.

어흠! 어흠!

리에주는 독일군 중 가장 북쪽으로 진군하는 클루크와 뷜로 휘하 1군과 2군의 경로상에 위치한 도시다.

리에주와 나뮈르는 주변에 뫼즈강의 다리뿐 아니라,

프랑스로 가는 철도망이 있으므로 꼭 확보해야 할 교통의 요충지입니다.

그런데 이곳을 점령하는 게 만만치 않았다.

아…

안절부절

리에주 주변에 있는 열두 개의 요새가 도시를 철통같이 방어하고 있었다.

우리가 지켜 줄게.

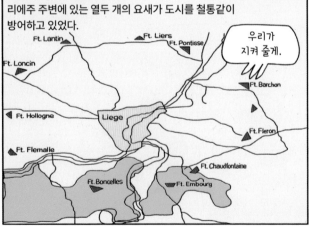

요새 건설에도 장인이 있다.

네, 접니다.

↑ 앙리 브리알몽

1880년, 벨기에 국왕 레오폴드 2세의 요청으로 앙리 브리알몽이 리에주와 나뮈르 주위에 요새들을 구축했다.

정밀하게! 튼튼하게!

내 별명 알지?

아무렴요!

브리알몽은 고지에 철갑과 콘크리트로 이루어진 지하 요새를 세웠다. 하나같이 단단한 요새들이었다.

나이스!

주요한 구조물은 대부분 지하에 있기 때문에 공격하기 정말 어려운 구조입니다.

보너스 좀….

어허이!

조국과 민족을 위해!

요새 주변엔 약 10m 깊이의 해자를 파 놓았다.

스톱!

이 요새는 당시에 가장 강력했던 210mm포의 공격에도 끄떡없었다.

…

왜? 고민 있어?

리에주는 이런 요새 열두 개의 중앙에 버티고 있었다. 그리고 리에주는 벨기에의 르망 장군이 지켰다.

독일 놈들 오기만 해봐, 그냥.

거, 바깥에 누가 오는지 봐봐.

네.

르망

아니나 다를까, 곧 독일군 선발대가 나타나 항복을 요구했다.

항복하면 목숨은 살려 주겠다!

꺼져라!

물러가라는데요….

정확히 뭐라고 했어?

꺼지라고….

뭐?!

에미히

독일군은 동쪽 요새에 먼저 포격을 가했다.

뫼르저 10

펑!

쿠릉… 쿵!

적의 포격 소리입니다.

하지만 요새들은 별 타격이 없었던 반면,

좀 시끄럽긴 하네. 난 또 번개 치는 줄….

독일군 진영에는 사상자가 속출했다.

악!!!

으아!!!

탕!

타당!

쾅!

8월 5일에서 6일 사이, 독일군 사상자는 심하게 늘었다.
반면 리에주의 요새들은 포격에 끄떡도 하지 않았다.

원래 설계가 그렇다니까요.

으~아!!!

쾅!

꽝!

펑!

펑!

이쯤에선 무슨 수를 내야 한다.

무슨 수가 좋을까요?

콩!

쾅!

다음 날 리에주 상공에는 거대한 비행체가 나타났다. 체펠린이었다.

탕! 탕!

타당!

으악!!!

꺄악!!!

멋지긴 하다.

하지만 르망은 전혀 반응하지 않았다.

비주얼은 그럴듯하구먼.

쾅!

쾅!

이때쯤 독일군에 **루덴도르프**라는 인물이 등장한다.

스윽…

루덴도르프

저는 꼭 기억해 두는 게 좋습니다. 앞으로 줄기차게 등장할 테니까요.

원래 연락장교였던 그는 제14여단장이 전사하자 사령관직을 맡았다.

지금부터는 나를 따르라!

네… 네엡!

그는 6,000여 명의 병력을 이끌고 리에주 요새들의 원형 방어선 내로 침입해 르망에게 항복을 요구했다.

6,000여 명의 병력

우리 군이 당신 코앞에 왔으니…

항복해라!

웃기지 마라!

장난하냐?

루덴도르프는 이어서 특공대를 이용하여 벨기에군의 사령부를 기습 공격했지만 실패했다.

어림없다!

끄악!

탕!

탕!

하지만 이번에는 르망이 당황했다.

이거 장난 아닌걸.

일단 사령부를 후방에 있는 롱상 요새로 옮긴다.

넵!!!

르망이 후퇴하자 루덴도르프는 직접 리에주를 침공했고,

진격!!!

사령관이 없는 벨기에군은 이내 항복하고 말았다.

대장이 없는데 목숨 걸고 지킬 필요가 있나요.

그러나 리에주를 둘러싼 요새들은 또 다른 문제였는데…

저 요새들은 어떡하죠?

내게 생각이 있다. 며칠만 기다려 봐.

바로 그 며칠이 지났다.

부웅…

이게 뭘까?

뭐긴 뭐야. 신형 대포지.

촤악!

리에주의 요새들을 최종적으로 굴복시킨 것은 크루프 사가 생산한 420mm 대구경포였다. 별명은 '빅 베르타'.

우와!!!

이 포는 너무 크다 보니 분해한 채로 운반해서 8월 12일이 되어서야 사용할 수 있었다.

영차! 영차!

윽! 이게 뭐냐?

쾅!

빅 베르타의 위력은 놀라웠다.

팡!

8월 12일
12:30 퐁티스 요새 함락
17:30 앙부르 요새 함락
곧이어 쇼드퐁텐 요새가 탄약고 폭발로 증발

쾅!

420mm포가 불을 뿜자 요새들이 하나씩 항복하기 시작했다.

콰쾅!

8월 14일
9:40 리에르 요새 함락
9:45 플레롱 요새 함락

8월 15일
7:30 봉셀 요새 함락
12:30 랑탱 요새 함락

쾅!

루덴도르프는 이어서 르망이 있는 롱상 요새를 공격했다.

영차! 영차!

진격!

낑… 낑…

결국 두 시간 이상의 포격 끝에 탄약고가 폭발하면서 요새가 무너졌다. 사령관 르망은 의식을 잃은 채 발견되었다.

르망 장군입니다.

르망이 지키던 요새가 함락되자 나머지 요새들도 하나씩 항복했다.

대장이 없는데 저희가 뭘…?

이젠 나뮈르로 진격한다!

아…

물론 벨기에군은 리에주가 함락 당한 뒤에도 용감히 싸웠다.

항복할 수 없어!

탕!

철컥!

탕!

벨기에군은 나뮈르에서 멀지 않은 게트강에서 다섯 배 규모의 독일군을 저지했다.

타타탕! 탕!

탕!

꽝!!!!

크아…

쾅!

그런데 갑자기 청천벽력 같은 소식이 날아들었다.

프랑스군이 특별명령 13호를 발표했습니다!

뭐?!

벨기에 쪽은 우리와 영국군에게만 맡기고,

프랑스군의 주력은 다른 방면으로 투입한다고 합니다.

아…

그러자 알베르 국왕은 벨기에군에게 앤트워프로 퇴각하라고 명령했다.

프랑스군 주력도 빠지는데, 우리가 다 죽고 나면 반격할 기회도 없지 않겠는가?

독일군은 8월 20일에는 벨기에의 수도인 브뤼셀을, 25일에는 나뮈르를 파죽지세로 점령한다.

베를린에는 기쁨의 종소리가 울려 퍼졌고, 거리에서는 낯선 사람들끼리 껴안으며 서로를 축하했다.

하지만 벨기에는 핵심 전력을 앤트워프에서 보존하는 데 성공했다.

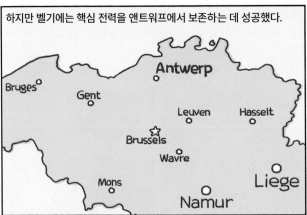

이 정도면 우리가 할 수 있는 최선을 다한 겁니다.

원래는 사나흘 만에 벨기에를 통과하려 했는데 2주 이상 붙잡혀 있었으니까요.

아, 우리 역할은 아직 끝나지 않았습니다. 계속 지켜봐 주세요.

몰트케

알베르 국왕

그런데 독일군은 벨기에에서 천인공노할 만행을 저지르기 시작했다.

벨기에에 진입한 독일군은 민간인을 학살하기 시작했다.

시간이 지날수록 만행은 더욱 심각해졌지요.

탕! 타당!

독일군이 민간인을 학살한 가장 큰 핑계는 **저격병**이었다.

저격병이다!

핑!

하지만 그것은 아군 총소리일 수도, 유탄 소리일 수도 있었다.

우리 편이 쐈다고 말하기는 싫잖아요.

맞아, 맞아!

특히 벨기에의 옥스퍼드, 루뱅에 진입한 독일군은 8월 25일부터 대파괴를 시작했다.

쾅!!!

주민 수백 명을 사살했고, 도시의 1/6을 파괴했으며 루뱅대학교 도서관에 불을 질렀다.

이번에도 핑계는 저격병이었다.

저격병이다!

아님 말고.

맞아, 맞아!

털썩!

'루뱅의 학살'을 비롯해 독일이 벨기에에서 벌인 만행은 전쟁 기간 내내 연합군의 선전 재료가 되었다.

REMEMBER BELGIUM

REMEMBER ·BELGIUM·

▲ 참호 위의 적기를 격추할 수 없었다고 상상해 보라.

왜 체펠린을 격추하지 않았을까?

거대한 풍선 같은 생김새와는 다르게, 1차대전 초기에 체펠린은 무적이었다.
하늘을 향해 아무리 소총을 쏴대도 잘 맞지 않았을뿐더러 수십 개의 총알구멍이
나더라도 체펠린의 이음매에서 일상적으로 새는 수소량과 비슷했다. 따라서
체펠린을 상대하는 가장 좋은 방법은 체펠린 공장을 폭격하는 것이었다.

5

국경의 전투

Canon de 75 modèle 1897

프랑스의 75mm 야포. 최초로 유압식 주퇴복좌기를 도입하여
현대 야포의 아버지로 불린다.

전쟁이 4년 동안 이어지리라
예상한 사람은 없었다.

두세 달 정도면
끝나지 않을까?

맞아!   맞아!

크리스마스까지
전쟁을 할 리가 없지.

그날 약속
잡았다고.

다음 달이면
끝나지 않을까?

IOC는 베를린에서 개최할 예정이던 1916년
올림픽의 장소를 바꾸지도 않았다.

어차피 금방
끝날 텐데 뭐.

타닥...
타닥...

맞아, 맞아!

하지만 전쟁이 길어지면서 결국 1916년 베를린
올림픽은 취소되었다.

카이저는 전선으로 떠나는 병사들에게
유명한 말을 남겼다.

낙엽이 지기 전에
돌아올 것이다.

넵!!!

돌아보면 이상한 일이지만, 주요 열강의 국민들 사이에는 전쟁에 열광하는 분위기도 있었다.

독일최고
독일만세

요즘 베를린 사람들은 매우 흥분해 있다. 밤마다 엄청난 숫자의 군중이 거리를 행진하면서 **"독일 최고!"**를 부르며 전쟁을 외치고 있다.
– 독일 주재 미국 대사 제임스 제라드

이 현상을 가리켜 '**8월의 광기** (August Madness)'라고 부른다.

물론 불안한 마음으로 전쟁에 나가는 사람들도 많았지요.

독일 최고

런던에서는 일부 군중이 독일 대사관에 난입했다.

독일 놈들을 무찌르자!

헉!

챙!!!

여인들은 병사들의 기차가 떠날 때마다 꽃과 키스를 보내며 환호했다.

금방 돌아올게.

와!!!

8월 4일 밤, 영국의 조지 5세는 전쟁을 선포한 직후 발코니 밖에서 환호하는 엄청난 군중을 보고 기가 질렸다.

와~아!!!

…

와~아!!!

꺄~아!!!

러시아의 상트페테르부르크에서도 군중들이 차르를 보고 울면서 러시아 국가를 불렀다.

'간첩 색출' 붐도 있었다. 많은 사람이 적국 출신이거나, 적국에 친척이 있다는 이유로 의심받았다.

당신, 간첩 아냐? 영국의 조지 5세, 러시아의 니콜라이 2세와 사촌지간이라며?

화들짝!

영국도 반독일 정서에서 자유롭지 못했다.

Saxe-Coburg and Gotha

북!

빅토리아 여왕의 남편이 독일의 작센-코부르크 고타 가문이라서 그 뒤의 왕들은 독일 혈통이거든요.

영국 왕실은 독일 느낌을 없애기 위해 공식 명칭도 '윈저'로 바꿨다.*

House of Windsor

와아!!!

전쟁!

이기자!

어? 이 사람 뭐야?

이런 분위기에서 전쟁을 반대하는 목소리는 설 자리가 없어요

장 조레스

전쟁반대

* 정확히는 바로 바뀌지 않고 1917년에 바뀌었다.

유럽의 주요 사회주의 정당들도

전쟁이 발발하자 즉시 참전으로 입장을 선회했다.

독일 사회민주당의 '교황' 베벨은 이미 작년에 사망해서

독일에 남아 있는 반전 운동가는 로자 룩셈부르크* 정도였다.

프랑스에서 열심히 전쟁 반대를 외쳤던 장 조레스는 7월의 마지막 날에 암살당했다.

조레스의 죽음은 유럽인에게 페르디난트의 죽음보다 더 큰 충격을 안겼다. 그러나 반전의 목소리는 그의 죽음과 함께 완전히 사라졌다.

* 로자 룩셈부르크(Rosa Luxemburg, 1871~1919): 독일에서 활동한 마르크스주의자이자 철학자. 독일 사회민주당의 일원이었으나, 사회민주당이 독일의 참전을 지지하자 이에 반대하여 독자적인 반전 운동을 벌였다.

곳곳에서 전쟁을 찬성하는 열기와
반전 운동이 맞부딪치고 있을 때,

···

전쟁
반대

독일군은 이미 벨기에의 리에주를 공략하고 있었다.

쾅!!!

펑!!

이때쯤이면 프랑스도 독일의 의도를 알아챘어야
하지 않았을까?

독일 놈들이 벨기에를 통과
해서 쳐들어올 모양이군.

체펠린은
멋지다….

독일이
벨기에를
공격하고
있습니다.

우리도 벨기에
국경 쪽으로
이동해야 하는
게 아닐까요?

무슨 소리? 지금
독일군의 움직임은
페이크다! 우리는
예정대로 국경을
돌파한다.

모든 게 내
계획대로 되고 있다.

독일군은 벨기에를 치는 척하다가
알자스-로렌 쪽으로 쳐들어올 것이다.

역시
현명하십니다,
조프르 장군님.

GERMANY

FRANCE

ALSACE
LORRAIN

SWITZ

ITALY

보노 장군은 선발대를 이끌고 알자스의 뮐루즈를 점령하라.

넵!

알자스-로렌은 지도상으로는 붙어 있지만, 사이에 큰 산맥이 있다.

저 산맥 너머가 수복해야 할 우리의 로렌 지역이다.

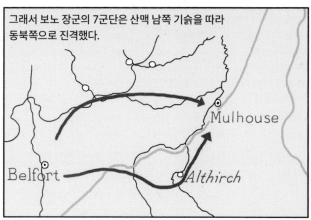

그래서 보노 장군의 7군단은 산맥 남쪽 기슭을 따라 동북쪽으로 진격했다.

Mulhouse

Belfort

Althirch

보노는 단 하루 만에 뮐루즈를 점령했다.

독일군이 이렇게 약했나?

그러나 이튿날 독일군의 반격이 들어오자 얼마 버티지 못하고 후퇴했다.

후퇴하라!

아무래도 선발대 만으로는 무리예요.

탕! 탕! 타당!

조프르는 화가 나서 보노를 해임하고 은퇴한 장군 포를 불렀다.

자네가 보노 대신 알자스를 공격해 주게.

알겠습니다!

포의 지휘 아래 7군단은 기세 좋게 전진해 8월 19일에 뮐루즈를 재차 점령했다.

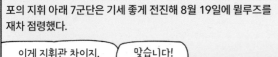

이게 지휘관 차이지.

맞습니다!

이리하여 알자스 전투는 프랑스의 승리로 끝나는 듯했다.

뮐루즈를 점령했다고 합니다!

역시 지휘관을 바꾸길 잘했네.

이제 로렌만 남았군.

17호 계획에 따르면…

PLAN XVII

17호 계획에 따르면 프랑스의 5개 군 전부가 로렌을 공략하고, 그중 일부인 7군단만 선발대로 알자스를 공격하기로 되어 있었다.

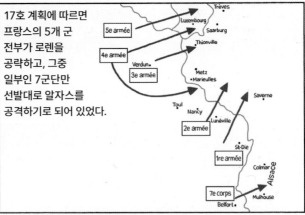

Trèves
Luxembourg
5e armée
Saarburg
Thionville
4e armée
Verdun
3e armée
Metz
Marieulles
Toul
Nancy
Saverne
Lunéville
2e armée
St-Die
1re armée
Colmar
Alsace
7e corps
Mulhouse
Belfort

사실상 로렌 전투에 프랑스의 운명이 걸려 있다.

8월 14일, 프랑스의 우익을 맡은 1군과 2군이 동쪽으로 진격했다.

뿌웅)))

깜짝이야!

동쪽

이로써 이른바 '**국경의 전투**'가 본격적으로 시작되었다.

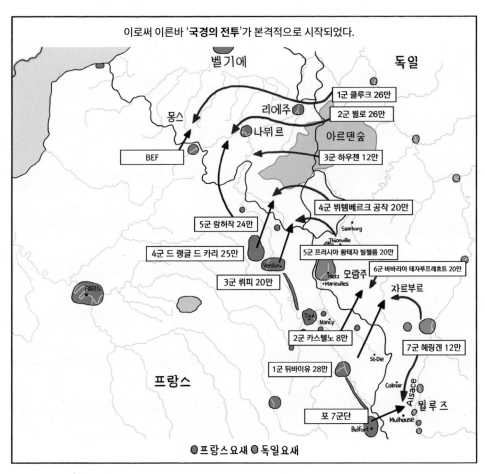

프랑스의 1군과 2군은
각각 자르부르와 모랑주를
향해 진격했다.

그런데 두 경로 사이에는 큰 산들이 있었다.

아무래도
독일군은 산
사이에 있을
것 같습니다.

두려워하지
말고 정면으로
대응한다.

실제로 독일군은 거기에 있었지만…

정말로 독일군이 있습니다!

헉!

그들은 공격보다는 방어 태세를 갖추고 있었다.

사격할까요?

본격적으로 몰려오기 전까지는 기다려.

주력 부대가 벨기에를 통과할 동안 이쪽은 방어하면서 프랑스군을 묶어 놓는 게 원래의 계획입니다.

슐리펜-몰트케 계획 기억나시죠?

슐리펜 몰트케 PLAN

독일군의 저항은 그다지 강한 편이 아니었다.

탕! 탕! 탕!

탕!

대포 가져와!

75mm!

네!

탕!

타당!

탕!

유달리 더웠던 그해 8월, 프랑스군은 간간이 독일군과 조우했지만 유명한 75mm포를 쏘면서 가볍게 물리쳤다.

이동!

펑! 펑! 쾅!!!

쾅!

겉보기에는 모든 게 순조로웠다.

역시 내 계획이 너무 완벽했던 게 아닐까?

맞습니다!

3, 4, 5군은 1, 2군보다 북쪽으로 진격해 아르덴숲을 통과하여 독일군과 맞서기로 되어 있었다.

그런데 프랑스 5군 사령관 랑허작은 무언가 이상하다는 사실을 알아챘다.

지금 뫼즈강을 따라 독일군이 수도 없이 몰려옵니다.

조프르 장군 말에 따르면 그럴 리가 없는데….

뫼즈강은 프랑스에서 시작해 베르됭을 거쳐 벨기에의 지베, 디낭, 나뮈르, 리에주로 이어지는데, 거꾸로 보면 딱 독일군의 진격 경로이다.

이대로 진격하다가는 독일군에게 옆구리를 뚫리게 된다.

사태를 파악한 랑허작은 총사령관 조프르를 찾아갔다.

8
14

응, 무슨 일인가?

장군님. 당장 군대의 진로를 바꿔야 합니다.

어허, 자네 너무 신경과민이야. 좀 진정하게.

지금 정찰병 무시하나요? 이대로 가면 독일군이 우리 옆구리를 칠 겁니다. **우리 군이 전멸당한다고요!!**

깜짝이야!

랑허작이 다녀간 다음 날.

독일군 기병대 1만여 명이 뫼즈강을 건넜습니다!

뫼즈강 변에 있는 디낭의 요새가 함락됐습니다!

적군이 강을 건너서 5군과 충돌했습니다!

랑허작, 5군 일부만 남기고 나머지는 모두 나뮈르 쪽으로 이동하게.

그렇다고 17호 계획이 틀렸다는 얘기는 아닐세.

넵.

빌어먹을 영감탱이.

그리하여 랑허작의 5군은 이동 경로를 바꾸게 되는데…

벨기에

독일

뫼즈주

몽스

BEF

나뮈르

아르덴 숲

1군 클루크 26만

2군 뷜로 26만

3군 하우젠 12만

5군 랑허작 24만

4군 뷔템베르크 공작 20만

Saarburg

Thionville

조프르가 독일군을 과소평가했다면, 랑허작은 과대평가하고 있었다.

아니, 지금 나 혼자 독일 대군을 다 상대하란 얘기잖아요.

최소 50만, 많으면 200만이 쳐들어 온다는데.

나 아직 안 죽었어!

그동안 클루크와 뷜로가 이끄는 독일의 1, 2군도 나뮈르를 향해 전진했다.

루덴도르프도 나뮈르로 이동하고 있었다.

저 기억나세요?

부웅…

빅 베르타포를 가져와서 리에주 요새들을 하나씩 박살 냈지요. 지금은 다시 포를 분해해서 나뮈르로 가져가는 중입니다.

랑허작은 조프르에게 영국과 벨기에군이 합류한다는 이야기를 들었지만 믿지 않았다.

바다 건너 영국군이 어느 세월에 오나?

벨기에군은 벌써 다 달아 났을걸.

사실 영국의 BEF*가 며칠 전부터 프랑스 해안 곳곳에 상륙하고 있었다.

펑!

펑!

와~아!!!

영국 원정군 BEF를 이끄는 사령관은 존 프렌치.

제가 성은 프렌치지만 토박이 영국인입니다.

프랑스어는 거의 못해요. 흠흠.

펑!

와~아!!!

8월 17일, 드디어 랑허작과 프렌치가 만났다.

…

* BEF: 영국 원정군(British Expeditionary Force).

랑허작은 영어를 못하고, 프렌치는 프랑스어를 몰랐지만

두 사람은 보안을 이유로 통역이 없는 회담을 고집했다.

...

시간만 보낸 두 사람은 의사소통의 한계를 인정하고, 통역장교를 불러 회담을 시작했다.

답답해 죽는 줄 알았네.

결정적으로 문제가 된 것은 영국군의 '참전 시기'였다.

BEF는 언제쯤 전투에 합류할 수 있소?

When?

에… 그게 24일은 되어야 할 것 같습니다.

일주일씩이나? 그때면 우리 모두 저승에 있을 거요.

통역!

흥. 도움받는 주제에 말 한번 곱게 하네.

건방진 영국 놈.

8월 20일, 프랑스는 BEF와 함께 독일군에 총공격을 개시한다.

척!척! 척!척!

24일에나 가능하다는 영국군의 말은 엄살이었다.

어후!!!

랑허작의 건방진 태도가 마음에 안 들었거든요.

프랑스-영국 연합군은 크게 네 곳에서 독일군과 전투를 벌인다. '국경의 전투'는 절정을 향하고 있었다.

가장 먼저 독일군의 '진짜' 저항을 만난 것은 카스텔노가 이끄는 프랑스 2군이었다.

1870년의 군복을 입은 프랑스군이 '용감하게' 적진을 향해 진격한 반면,

돌격!!!

와아아아!!!

독일군은 참호와 진지에 중화기를 갖추고 대기했다.

8월 20일, 로렌의 모랑주 평야에서 줄지어 진격하던 약 4만 명의 프랑스군은 독일의 대포와 기관총 앞에 볏단처럼 쓰러졌다.

이곳에서만 프랑스군 수천 명이 사망하고 2만여 명이 포로로 잡혔다.

당시 프랑스군의 야전교범에는 적이 사격한 후 재장전하는 20초 동안 50m를 전진하라고 되어 있었다.

어리석은 장군들이 병사들을 헛된 죽음으로 몰아간 것이다.

카스텔노는 하는 수 없이 후퇴했다.

2군이 후퇴하자 뒤바이유의 1군도 측면이 비어 후퇴할 수밖에 없었다.

프랑스군이 달아나는군.

프랑스군이 후퇴하자 루프레흐트의 '바바리아 6군'이 밀고 들어와 프랑스 영토를 도륙했다.

여기서 잠깐만요!

프랑스군은 왜 눈에 띄는 군복을 입고 기관총 앞으로 달려 나간 거냐고요!

이를 이해하기 위해서는 당시 프랑스 군대의 분위기를 알아야 한다.

초! 전! 박! 살!

헛둘헛둘!

군대는 대개 보수적인 집단이지만, 당시 프랑스군은 아직도 정신이 1870년에 있는 극보수였다.

저기 있는 프로이센 놈에게 복수하는 거다!

시대가 어느 땐데 프로이센이람….

프랑스군의 전술은 지난 40년간의 기술 발전을 거의 반영하지 않았고,

첫째는 용기, 둘째는 담력, 셋째는 돌격이다.

넵!!!

오로지 병사의 정신력을 강화하여 용감하게 돌격하는 것만을 최고의 미덕으로 간주했다.

우리 사전에 방어란 말은 없다.

오직 공격뿐!

군복을 어두운 색깔로 바꾸는 것조차도 '비겁'하다고 거부했다.

독일이나 영국 놈들은 비겁하게 숨을 생각만 하고 있다고.

이게 정말 같은 시대 사람이 맞나….

조프르의 '중앙 돌파 전략', 넓게는 '17호 계획' 자체가 이런 기풍을 반영하고 있었다.

우리의 온 힘을 모아서 적의 중앙을 돌파한다.

이보다 나은 전략이 어디에 있겠는가?

CYPRUS
BEL
Arras
Vrmdun
Z
FRANCE

불행하게도, 로렌에서 대패하고도 조프르의 생각은 바뀌지 않았다.

모든 것은 여전히 계획대로다.

17호 계획

프랑스 1군과 2군이 참혹한 패배를 당한 다음 날, 3군과 4군은 예정대로 아르덴으로 진격한다.

아르덴숲은 경사가 급하고 나무가 빽빽한 곳으로, 대규모 부대가 공격로로 삼기에는 적당하지 않았다.

하지만 조프르 장군님 말로는 이쪽의 독일군이 제일 약하다고 했어.

다행이당.

8월 21일 아침의 아르덴숲은 특히 안개가 자욱했다.

아휴, 이놈의 안개….

왜? 낭만적이잖아.

마침내 안개가 걷혔을 때,

프랑스군을 기다리는 건 독일군의 기관총과 야포였다.

어?!

또다시 대학살이 벌어졌다.

으~아!!!

크아!!

탕!

투투투두…
투투투투…

타탕!탕!
펑!!!

탕!

탕!

탕!

일부 부대는 75mm포를 앞세워 반격에 성공했지만, 전체적인 전황은 확실히 불리했다.

프랑스군은 여전히 구식 돌격 전술을 고집했고,

비르통과 로시뇰에서 대패했다.

특히 로시뇰에서는 프랑스 식민지에서 온 노련한 알제리 사단이 6시간 동안 싸운 끝에 전멸했다.

총사령부에서는…

조프르는 자신의 귀를 믿지 않기로 결심했다.

국방장관님께서 전화하셨는데요.

나 바쁘다고 해. 그리고 모든 건 여전히 계획대로 되고 있다고 해.

많이 바쁜 모양이군.

모든 것은 계획대로다.

모든 것은 **계획대로야**. 모든 것은….

아르덴 지역에서는 전투가 계속되었지만, 점점 패색이 짙어졌다.

투타타타타타…
탕!

악!

3군과 4군은 수많은 아군의 시체를 남겨둔 채 후방으로 철수했다.

조프르는 여전히 패배를 인정하지 못하고 인지 부조화에 빠져 있었다.

독일군의 저항이 거세서 일시적으로 고전 중이나 곧 적 중앙을 돌파할 것으로 사료됩니다.

어제와는 얘기가 좀 다르군.

아직도 '반격'을 꿈꾸고 있었지만

아직은 괜찮아.

사령관님! 사령관님!

이때는 이미 아르덴 전투가 사실상 끝나 있었다.

아르덴숲에서 격전이
벌어지는 동안

으아!!!

타당!

콩!

탕!

두투투...
타타타

공격!

크억!

뫼즈강 방면으로 진출한 우리의 비관주의자
랑허작은 깊은 고민에 빠져 있었다.

...

랑허작의 5군은 나뮈르에서 대기하다 상브르강을
건너 전진하라는 명령을 받았지만,

Brussels

Charleroi

Namur

상브르강

정찰병이 그 좌측에서 수많은 독일군이 몰려온다고
보고했다.

우리 측면에서
개떼 같은 독일군이
덮치면 어떡하지?

실제로 독일군 클루크의 1군, 뷜로의 2군, 하우젠의 3군을 합쳐
약 60만의 병력이 랑허작 부대 쪽으로 진군하고 있었다.

위잉~

우리가
많긴 하지.

8월 22일, 독일군 선발대는 상브르강 유역에서 랑허작 부대와 교전을 벌였다.

작은 공업도시, 샤를루아는 뷜로의 독일 2군과 랑허작의 프랑스 5군이 부딪치는 치열한 전장이 되었다.

이때 프랑스의 1~4군은 이미 독일군한테 대패하고 있었어요.

...

여기서도 알제리 사단을 포함한 프랑스군은 용감하게 싸웠는데

'어디서 날아오는지 모르는 포탄'이 아군 진영을 헤집어 놓자 전의를 상실했다.

프랑스군은 75mm포를 주력으로 사용했지만

대포는 속도와 기동성이 생명이죠.

독일군은 훨씬 크고 사거리가 긴 중포도 많이 사용했다.

무슨 소리. 화력이 좋은 게 최고지.

이는 1차대전 초반 전투에서 큰 차이를 만들어 냈다.

꽝!

독일군 비행기가 프랑스군 상공을 한 번 선회하고 가면 어김없이 중포 공격이 쏟아졌다.

웨엥…

윽, 곧 포탄이 떨어지겠군.

그럼 어떡하지?

당연히 튀어야지!

상브르와 뫼즈 일대는 포탄 공격에서 벗어날 수 있는 곳이 없었다.

꽝!

콰!!!

크아~!

으~아!!!

벨기에군은 후퇴했고, 프랑스군도 더 이상 버티기 힘들다.

5군이 전멸하면, 이제 파리로 진격하는 독일군을 막을 수 없게 된다.

하지만 여기서 후퇴한다면 욕이란 욕은 다 먹겠지.

하지만 남자란 꼭 필요하다면 욕을 먹을 줄도 알아야 하는 법.

8월 23일 저녁, 랑허작은 마침내 총퇴각을 명령했다. 이로써 프랑스의 5개 군은 모두 패배한 셈이었다.

5군은 모든 전선에서 퇴각하라고 전하게.

…

넵.

나의 소중한 17호 계획이 이렇게 박살 나다니….

17호 PLAN

그런데 랑허작의 퇴각은 영국군의 전투에도 큰 영향을 미쳤다.

프랑스군이 철수했다고?

랑허작이 BEF에 사전 협의나 통보도 없이 철수했기 때문이다.

바빠 죽겠는데 일일이 보고하고 협의할 시간이 어디 있어요.

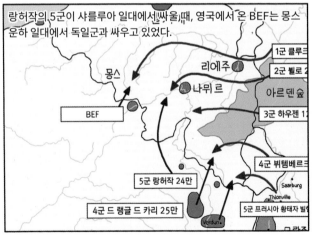

랑허작의 5군이 샤를루아 일대에서 싸울 때, 영국에서 온 BEF는 몽스 운하 일대에서 독일군과 싸우고 있었다.

몽스

리에주

나뮈르

아르덴 숲

1군 클루크

2군 뷜로 2

3군 하우젠 1

4군 뷔템베르

BEF

5군 랑허작 24만

4군 드 랭글 드 카리 25만

Saarburg

Thionville

5군 프러시아 황태자 빌헬

Verdun

보다시피 몽스와 샤를루아는 거의 붙어 있다. 프랑스군이 철수를 하면 영국군도 철수하지 않을 수 없다.

바로 그게 문제라고!

영국군은 새벽부터 수로를 두고 독일군과 대치하고 있었다.

몽스에는 아침부터 뿌연 안개비가 내렸다.

이거 뭐가 보여야 말이지.

아침 9시, 독일군의 야포가 포격을 시작했다.

타당!
탕!
펑!
펑!

이런 포 사격은 보통 돌격하기 직전에 하는 거죠.

와~아!!!

거봐요. 맞죠?

수로 동쪽의 다리를 건너려 하는 독일군이 많았는데,

탕!
타당!
와~아!!!

그쪽에는 영국군 소총수들만 있었다.

와~아!!!

이쪽이 약하다고 생각하겠지?

철컥!

영국군 소총수들이 신속하고 정확하게 사격해서 독일군은 기관총 공격이라고 착각할 정도였다.

당시 영국에는 징병 제도가 없었고, 프랑스에 파견된 BEF는 모두 숙련된 직업 군인이었다.

독일군은 하는 수 없이 다리를 포기하고 수로 전역으로 산개해서 공격하기 시작했다.

영국군도 다리를 폭파하고 퇴각할 수밖에 없었다.

영국군의 사기는 꺾이지 않았다.

하지만 늦은 밤, 연락장교가 프렌치를 찾아온다.

이때 영국군은 엄청난 배신감을 느꼈다.

랑허작 그 양반 첫인상부터 안 좋았어!

헨리 윌슨*

말도 없이 지들끼리만 도망가나요?

우리도 살려면 질서 있게 퇴각하는 수밖에.

싫지만 그게 사실이죠.

영국군은 나폴레옹전쟁 이후 100년 만에 유럽 대륙에서 전투를 치렀지만, 첫 전투는 후퇴로 끝나고 말았다.

헤이, 제군!

넵!

전쟁을 치른 소감이 어떤가?

하루 동안 많은 걸 경험한 것 같습니다.

우리가 진 건 아니라고 생각합니다.

후일 몽스 전투는 영국군들이 자랑하는 전설적인 전투 중 하나가 된다.

보통 아쟁쿠르 전투** 정도와 비교되죠.

---

* 헨리 윌슨(Henry Wilson, 1864~1922): 존 프렌치 사령관의 참모.
** 아쟁쿠르 전투: 백년전쟁이 한창이던 1415년 프랑스 아쟁쿠르에서 영국군이 상대적으로 대규모였던 프랑스군을 상대로 승리를 거둔 전투.

몽스 전투가 끝나면서 '국경의 전투'도 막을 내렸다.

국경의 전투 전체에는 프랑스군 70개 사단
총 125만 명이 참여했고, 14만 명의 사상자가 나왔다.

영국군의 피해는
상대적으로
경미하긴
했습니다.

프랑스군처럼
대패한 적은
없으니까요.

전체적으로 보면 연합국의 완전한 패배였다.

아직까지는 슐리펜-
몰트케 계획대로
할 수 있어요. 조금
늦어지긴 했지만….

프랑스는 여기서 그대로 무릎 꿇고 말 것인가?
아니라면 언제 어떻게 반격을 시작할 것인가?

전 아직도 현 상황이
이해가 안 가요.

17호
계획

▲ 습득, 활용 방법에 차이는 있지만 미국, 러시아, 독일, 일본 등도 애용했다.

현대 야포의 아버지, Canon de 75 modèle 1897

분당 20발을 발사할 수 있고, 기동성도 좋아 기존 야전에선 더할 나위 없이
좋았다. 하지만 마른 전투 이후 참호전으로 돌변한 전장에서 사각의 한계
때문에 곡사 능력이 떨어지는 75mm 야포는 화력이 충분하지 않았다.
대신 뛰어난 기동성과 연사력을 살려 독가스탄 발사 등으로 응용하여
2차대전까지 사용됐다. 현재까지도 프랑스는 의전용 예포로 사용하고 있다.

6

타넨베르크와 동부전선

코사크

러시아는 코사크의 전통적인 삶의 방식을 승인하는 대신,
차르가 필요할 때마다 사병으로 동원했다.

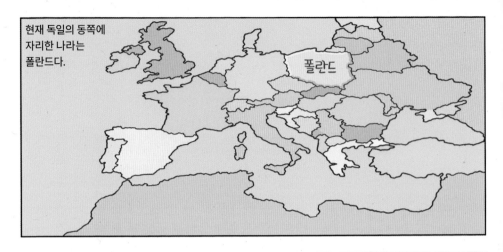

현재 독일의 동쪽에
자리한 나라는
폴란드다.

폴란드

그런데 1차대전 당시만 해도 폴란드란 나라는 없었고,
독일의 영토가 지금의 폴란드 쪽으로 더 뻗어 있었다.

노르웨이
스웨덴
북해
덴마크
발트해
영국
네덜란드
벨기에
독일
오스트리아-헝가리 제국
프랑스
스위스
이탈리아
세르비아
스페인
터키

그중 가장 동쪽에 위치한 땅이 바로 **'동프로이센'**
이라 불리는 지역이다.

원래 우리 조상이
그쪽 출신입니다.

동프로이센은 프로이센공국의 뿌리가 되는 튜튼
기사단*이 정착한 곳이다.

우리는 이곳의
공작령에서 시작해
프로이센왕국으로,
나아가 독일제국으로
성장했다고 할 수
있습니다.

* 튜튼 기사단: 십자군전쟁 당시 예루살렘에 있던 기사단 중 하나. 13세기 초 이슬람 세력에 밀려 패퇴하면서 유럽 트란실바니아 지역
   과 동프로이센 지역으로 이주했다.

그런데 지금 바로 그 동프로이센에서 큰일이 났습니다.

슐리펜 계획에 따라 독일은 병력 대부분을 서부전선에 배치했는데,

6주 만에 프랑스를 제압하고 그때 동부로 가면 된다니까요.

러시아군이 예상보다 훨씬 빠르게 동부전선으로 밀고 들어왔다.

이제 개전한 지 만 2주 지났는데 러시아군이 쳐들어오네요.

쿠르르…

아니, 러시아는 땅이 넓어서 군대를 동원하는 데 6주 정도는 걸린다면서요?

글쎄, 이론상으로는 분명히 그런데 말이야.

이론상으로야 그런지 몰라도, 러시아군은 실제로 동프로이센 국경을 넘어 서쪽을 향해 진군하고 있었다.

그래서 요즘 베를린 분위기가 흉흉해요.

프로이센에 코사크*가 들어 왔다는 소문이 있던데 사실인가요?

아, 그건… 군사 기밀이라.

아니라면 아니라고 말하겠지.

코사크는 완전 야만인이래.

술렁술렁…

코사크는 치마만 두르면 겁탈한다면서요?

코사크도 사람인데 그럴 리가요.

하여간 요즘 베를린 분위기가 이렇습니다.

웅성웅성…

직접 전선으로 가 보자. 개전 약 2주 만에 러시아 1, 2군이 동쪽과 남쪽에서 동프로이센으로 진입했다.

독일8군: 사령관 프리트비츠, 보병사단 9개 (예비사단 포함), 기병사단 1개 등

러1군: 사령관 렌넨캄프, 보병사단 9개, 기병사단 5개 등

러2군: 사령관 삼소노프, 보병사단 10개, 기병사단 3개 등

그냥 1군, 2군 하니까 감이 잘 안 오는데요.

약 40만 명인 굉장한 대군입니다.

* 코사크: 러시아군으로 복무하며 자치를 인정받은 집단. 잔혹한 기병으로 유명하다.

하지만 수비하는 독일 8군은 러시아군의 절반 수준밖에 되지 않았다.

그렇지. 그러니까 내가 그냥 자리만 지켜도 남는 거라고 했지.

하지만 질적으로는 우리가 훨씬 우수하지. 러시아군은 오합지졸이야. 그리고 이쪽은 홈그라운드의 이점이 있어서….

몰트케는 다른 걱정을 하고 있었다.

지휘관인 프리트비츠가 통 마음에 들지 않아. 영 무능해 보이거든.

그럼 자르고 다른 사람을 앉히면 되지 않습니까?

자를 수가 있어야 말이지. 워낙 백이 좋아서.

독일도 인맥이 굉장히 중요했다.

큰 잘못이 없으면 꼼짝도 못 해요. 함부로 자르려고 들면 그 전에 내가 잘릴걸.

몰트케는 8군에 명확한 명령을 내렸다.

장군은 쓸데없이 러시아 놈들을 공격할 생각은 집어치우고 서부전선에서 프랑스를 제압할 때까지만 동프로이센을 사수하시오.

프리트비츠도 딱히 그 명령을 어길 생각은 없었다.

저도 싸워서 이길 자신은 없거든요.

그러나 당시 독일군 장교들은 때때로 현장의 상황을 고려하여 상관의 명령을 무시하는 경향이 있었다.

…

8월 17일, 러시아 1군의 3군단이 다른 부대와 보조를 맞추지 못하고,
먼저 동프로이센에 들어와 있었는데…

> 뭐지?
> 사람인가?

> 나무겠지.

→ 러시아 군단

이를 지켜본 프랑수아*는 상관의 명령을 어기고
국경 근처에서 러시아군과 전투를 벌였다.

> 프리트비츠 장군님이 당장 전투를 중단하고 후퇴하시랍니다!

> 러시아군을 물리친 후에 전투를 중단한다고 전해!

콰!

탕!

콰!

탕!

스탈루포넨에서 기습당한
러시아군은 3,000명의 포로를
남기고 철수했다.

> 포로도 밥은 주겠지?

> 시끄러!

* 이름이 프랑수아지만 독일군 장교였다.

프랑수아는 의기양양하게 사령부가 있는 굼빈넨으로 돌아왔다.

> 우리 군의 승리입니다!

> 오늘 밤, 맥주 파티?!

> …

물론 그 정도로 기죽을 러시아군이
아니었다.

> 모기한테 한 방 물렸다고나 할까?

웽!

긁적!

↑ 러시아 1군 사령관 렌넨캄프

일단은 멈춰서 기다리다가, 2군이 도착하면 양쪽에서 독일군을 에워싸야겠다.

정찰을 통해 러시아군의 위치를 파악한 프랑수아는 또다시 교전을 주장했다.

러시아군이 덩치는 커도 힘은 약합니다.

제가 또 한 번 공을 세워 보겠습니다.

마침내 프리트비츠는 프랑수아의 교전을 허락했다.

일단 적군과 가장 가까이 있는 1군단이 먼저 시작하시오. 나머지 부대들은 곧 따라가겠소.

넵!

일단 포격으로 정신을 빼놓은 다음 백병전을 벌일 계획입니다.

펑!

펑!

8월 20일 새벽. 동이 트기도 전에 1군단의 중포가 불을 뿜었다.

러시아군도 야포로 맞섰고, 해가 뜨면서 보병들의 총격전도 벌어졌다.

위잉...

콰광!

쾅!

펑!

타당!

탕!

프랑수아 휘하의 1군단은 최우측의 러시아군을 맞아 대승을 거두었다.

여기는 완승입니다.

거긴 어떻습니까?

하지만 다른 쪽은 사정이 완전히 달랐다.

으~아!!!

말도 마,
우리는 다 죽게
생겼어.

콩! 쾅!

여기도 개판이야.
쾅!
이대로라면
콰광!
30분도 더
못 버틸 것 같아.
펑!!!

사실 프랑수아가 제압한 러시아군은 10여 개 사단
중 하나일 뿐이었다.

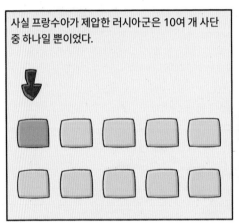

전체적으로는
완벽한 패배다.
얼른 후퇴하라!

내가 프랑수아
말대로 하는 게
아닌데.

콩!

독일군은 서쪽으로 후퇴하기 시작했다.

나만
이기다니.

우리가 러시아군의 작전에
말려든 건가?

하지만 러시아군은 추격에 나서지 않았다.

우리 병사들이 너무 지쳐서 여기서는 좀 쉬어야 할 것 같습니다.

후일 전쟁사학자들은 러시아 1군이 계속 추격에 나서야 했다는 주장과, 보급선이 너무 길어지므로 역시 멈추는 게 나았다는 주장으로 논쟁을 벌였다.

1차대전 동부전선 전투를 재평가한다

실제로 러시아군은 보급 문제로 애를 먹었다.

어이, 같이 가!

당신들 밥 안 먹을 거야?

러시아 철도의 폭이 독일과 달랐으므로 독일 열차를 나포하지 않으면 철도를 이용할 수 없었는데, 독일군이 열차를 남겨 뒀을 리가 없었다.

성질 급한 놈들. 기차가 없으니 내가 식재료를 안 주면 구할 방법이 없잖아.

총알도요.

정찰도 문제였다. 러시아 기병들은 낯선 지리에 잘 적응하지 못했고,

여기가 거기 같고, 거기도 여기 같네.

어제 그 자리 아닌가?

비행기는 많았지만 거의 고장 난 상태였으며, 그나마 비행기를 띄우면 비행기를 처음 보는 시골 출신 병사들이 적군인 줄 알고 총을 쏘아 댔다.

죽이자! 우리가 죽기 전에!

아, 쏘지 말라니까! 우리 비행기라고!

위…잉

탕!

탕!

난 첨 보는데?!

하지만 가장 큰 문제는 통신이었다.

각 부대끼리 소통할 때는 주로 무선통신을 이용했는데, 러시아군은 암호화되지 않은 평문을 주고받았다.

왜냐고요? 암호문을 보내면 맞은편에 해독할 만한 사람이 없거든요.

저러다가 언제 큰일 한번 나지.

한편 독일군 진영에서는…

현재 우리는 전멸 위기요.

러시아 1군과 2군의 공격이 동시에 들어오면 도저히 버틸 수 없소.

그래서 어쩌자는 겁니까?

일단 비스와강 너머로 후퇴합시다.

그건 동프로이센을 포기하자는 소리 아닙니까?

정 못 버티겠으면 비스와강 너머로 후퇴하라는 게 참모총장 몰트케의 명령일세.

사령관 프리트비츠의 참모이자 작전차장인 호프만이 나섰다.

사령관님, 그건 물리적으로 불가능합니다.

여기서 서쪽으로 퇴각하더라도 현재 남쪽에서 올라오는 러시아군을 만나게 돼요.

뭐?!

맞아, 맞아!

자네들 지금 반항하는 건가?

모두 직위해제다!

네… 뉘?!

프리트비츠는 OHL*에 직접 전화해서 자신의 조치를 알렸다.

제가요. 방금 군단장들 다 잘랐어요. 작전차장도 자르고요. 이유는 묻지 마시고요. 지금부터 비스와강까지 후퇴할 계획입니다.

네… 뉘?!

앞서 언급했듯 동프로이센은 독일 제국의 발원지라고 할 수 있다.

비스와강까지 후퇴하면 베를린도 코앞입니다.

독일에는 동프로이센에 땅이 있는 귀족들이 많았다.

고향 땅이 코사크의 말발굽에 밟혀서….

몰트케는 정치적으로도 이 땅을 포기할 수 없었다.

군단장, 자네 생각엔 아직 해볼 만하다고? 자신 있나?

자신 있다고? 호프만도 그렇게 말한다고?

* OHL: 독일군 최고사령부(Oberste Heeresleitung).

몰트케는 마침내 프리트비츠를
잘랐다.

에구!

뺑!

그러고는 누구를 그 자리에
앉혀야 할지 고심하기 시작했다.

누가 좋을까?

곧 한 사람이 떠올랐다.

적당한 사람이 있습니다!

딱!

리에주의 영웅
루덴도르프에게
참모장을 맡기면
안심입니다.

나도
그 친구
이름 들어
본 듯.

독일 만세!

하지만 그 친구는
사령관을 맡기엔 너무
어리지 않나?

사령관으로는 은퇴한
힌덴부르크 장군을
생각하고 있습니다.

이로써 힌덴부르크와 루덴도르프라는 전설적인 콤비가 탄생했다.

잘 어울리죠?

잘생겼다!

그런데 지금 두 사람은 어디 있지?

루덴도르프는 서부전선에 있고, 힌덴부르크 장군은 은퇴했으니 집에 있지 않을까요?

8월 22일 오전 9시. 몰트케의 명령서를 든 장교가 찾아갔을 때, 루덴도르프는 벨기에의 나뮈르에서 요새 공격을 지휘하고 있었다.

동부전선을 구할 사람은 자네밖에 없네. 카이저와 나는 자네만 믿고 있다네.
- 몰트케 ♡♡

이렇게까지 말씀해 주시다니!

루덴도르프는 즉시 OHL로 향했다.

발사!

펑!

가르쳐 준 대로 해! 알았지?

그날 오후 6시에 카이저와 몰트케를 만난 루덴도르프는 오후 9시경엔 기차를 타고 동부전선으로 떠났다.

내가 생각해도 번갯불에 콩 볶아 먹는 느낌이야.

하지만 전쟁 중이니까 그러려니 해야지.

한편 같은 날 오전 3시.

따르르르르르르르…

이 새벽에 누구요?

나 빌헬름인데, 잘 지내나?

조국이 풍전등화네. 지금 당장 전선으로 복귀할 수 있겠나?

네? 농담이시죠?

이 시간에 농담하러 전화했겠나!

그건 그렇네요. 당연히 복귀할 수 있습니다.

이 시간에 어딜 간다고 그래요?

폐하의 부름이야.

아침 좀 차려 줘.

에그 샌드위치?

오케이!

다음 날인 8월 23일 오전 4시, 하노버역.

ㅊㅊㅊㅊㅊㅊ...

이 시각 이곳에서 두 사람의 역사적인 첫 만남이 이루어졌다. 독일과 세계는 대전 중은 물론이고, 대전 후에도 한참 동안 두 사람의 영향에서 벗어나지 못했다.

타넨베르크 전투.

- 6 ▭ Russian Corps ◁
- XX ▬ German Corps ◀
- ∼ Railways

Baltic Sea

Königsberg

Insterburg

Gumbinnen

20

3

FIRST ARMY (Rennenkampf)

4

Mulhausen

EAST PRUSSIA

Lautern

Bossau

Masurian Lakes

½ 2

½ 2

Lötzen

Allenstein

Osterode

13

1 R

XVII

6

Deutsch Eylau

Hohenstein

Tannenberg

Frogenau

15

23

Lahna

Ortelsburg

Willenburg

Usdau

Neidenburg

1

Soldau

SECOND ARMY (Samsonov)

RUSSIA

Mlawa

Ostrolenka

8월 19일, 삼소노프가 지휘하는 러시아 2군이 동프로이센 남쪽 국경을 넘었다.

질린스키 사령관님이 빨리 진격하라고 재촉하고 있습니다.

이쪽은 숲과 늪이 많아서 하루에 20km 이상은 진격하지 못한다니까!

북서군 사령관 질린스키의 의도는 1군과 2군이 독일 8군을 포위 공격하는 것이었다.

Russian Strategy

FIRST ARMY (230,000 men)

GERMAN EIGHTH ARMY (225,000 men)

MASURIAN LAKES

SECOND ARMY (230,000 men)

하지만 포위 공격은 나 혼자 할 수 없잖아.

렌넨캄프의 1군은 소식이 없나?

그러게요. 1군 쪽에서는 특별한 움직임이 없는 것 같습니다.

삼소노프는 간간이 마주치는 적과 교전하면서 계속 진격했다.

쾅!

탕!

탕! 탕! 탕!

탕! 타당탕!

8월 23일에는 렌넨캄프도 드디어 진격을 시작했는데…

진격!!!

이 방향이 맞나?

렌넨캄프는 2군과 함께 독일군을 협공할 수 있는 쪽으로 가지 않고, 동프로이센의 수도가 있는 방향으로 갔다.

이 와중에 러시아군의 통신 문제는 기어이 큰 사고를 내고 말았다.

장군님! 이거 꼭 보셔야 합니다.

헐레 벌떡

독일군이 암호화되지 않은 러시아군의 전문을 가로챈 것이다.

잠깐! 이거 대박인데?!

전문 1: 1군 휘하의 부대들은 하루 15km의 속도로 서진하라.

전문 2: 2군은 적군의 동태를 살피면서 타넨베르크 방향으로 전진하라.

러시아 1군과 2군의 움직임이 다 나와 있잖아. 이거 진짜 맞아?

넵!

적군의 이동 방향과 속도를 모두 파악한 독일군은

이 정도면 알아야 할 건 모두 알았다.

휙!

먼저 러시아 2군을 상대하기로 결정했다.

철도망을 이용해 병사 대부분을 남쪽으로 이동시켰지요.

러시아 2군이 좀 더 깊숙이 들어오면 양쪽에서 덮쳐서 섬멸하는 겁니다.

좋은 계획입니다.

실은 루덴도르프가 오기 전부터 제가 이미 짜 놓은 겁니다.

한참 전투 준비를 하고 있을 때 OHL에서 전화가 왔다. 슐리펜-몰트케 계획을 꼬이게 만드는 순간이었다.

고생이 많네. 서부전선에서 3개 군단과 1개 기병사단을 보내 주겠네.

감사합니다만, 안 그러셔도 되는데….

결국 서부전선에서 병력을 빼낸다는 이야기 아닌가.

당시 프로이센들의 두려움은 아주 컸다.

사실 동프로이센이 뚫리면 베를린도 위험하거든요. 코사크 기병들이 얼마나 빠릅니까? 저도 걱정이 태산입니다.

코사크는 짐승이라고 하던데요.

슐리펜-몰트케 계획이 어그러지는 느낌이 있지만, 그래도 서부전선에서 크게 이기고 있으니 괜찮겠지?

네? 짐승 같은 사람이라고요?

으앙!

한편 삼소노프의 2군 사령부.

현재 적군의 위치는?

정찰병들의 보고를 종합해 볼 때, 비스와강 쪽으로 퇴각하는 걸로 추정됩니다.

하지만 독일군은 전혀 다른 방향으로 이동하고 있었다.

좋다. 그러면 우리는 퇴각하는 적군의 중앙을 뚫어 버린다!

확실한 정보는 아닌데….

8월 26일, 북쪽을 향해 진격하던 러시아 부대 하나가 타넨베르크 근처에서 적군을 발견했다.

저놈들은 1군에 쫓겨 퇴각하는 독일군이 틀림없다.

그러나 그 독일군은 러시아군을 공격하러 온 마켄젠의 17군단이었다.

탕!탕! 타타타탕!

헉!

펑!

쫓기는 자가 공격하기 있기, 없기?!

별로 쫓기는 눈치가 아닌데요?

양군은 즉시 교전에 돌입했다.

펑!

투투투투! 탕!탕!

여기에 폰 벨로브가 이끄는 독일군이 러시아군의 뒤를 덮쳤다. 전장은 곧 아수라장이 되었다.

투투투타타타타

탕!탕!탕!

으~아!!!

쾅!

펑!

곧이어 다른 곳에서도 교전이 시작되었다.

이상하다, 이상해….

쾅!!! 탕! 타당탕! 쿠궁! 으아!!! 돌격!!!

쾅!!!

저녁까지 전투가 진행된 결과, 러시아군의 예상과는 달리 오히려 독일군에 포위된 상태라는 사실이 점점 분명해졌다.

으아!!!

후퇴! 후퇴!

타타타타탕! 펑!

탕! 탕!

펑!!!

으~아!!!

대체 렌넨캄프는
어디서 뭘 하고 있는 건가?

우직한 삼소노프는 렌넨캄프의 1군이 도착해 계획대로
독일군을 포위해 주기를 기다렸다. 하지만…

탕! 탕!
타타타타

으아!!!

쾅!

펑!

펑!

다음 날 지원군 대신 독일군의
중화기 공격이 시작되었다.

전투가 길어지면 러시아군에게 좋을 것이 없었다.

병사들은 며칠 동안
밥도 못 먹고, 잠도
거의 못 잤습니다.
게다가 포탄과 탄약도
부족합니다.

크아!

쾅!

활활

8월 28일, 전투는 사흘째
계속됐다.

렌넨캄프는
아직인가?

네.

시간이 흐를수록 러시아의 패색이 짙어졌다.

장군님!

1군이 빨리
오지 않으면
우리는
전멸할지도
모른다.

렌넨캄프의 1군은 독일군 기병사단의 방해로 빠르게 진군하기 어려웠다.

크악!
탕!탕! 타타탕!탕!

무엇보다도 렌넨캄프 본인이 전투에 대한 의지가 없는 것 같았다.

여기 경치 좋네. 잠시 쉬었다 가세.

휴식이래!

야, 담배 좀….

결국 러시아의 1군과 2군은 전장에서 만나지 못했다.

이제 후퇴하는 수밖에 없겠군.

하지만 독일군에게 완벽하게 포위당해서 후퇴도 쉽지 않아요. 그냥 개별적으로 달아나야 해요.

어쭈, 도망가네?

쌰!

넵!

삼소노프는 소심한 사람이었다.

나를 믿어 주신 차르를 어떻게 다시 뵙는단 말인가….

팡!

끄아!!!

퇴각하시죠, 장군.

패배를 안고 돌아가기에는 너무 죄책감이 컸다.

…

타넨베르크 전투가 끝났다.

러시아군 사상자 8만 명, 포로 9만 명이 발생했다. 사실상 러시아 2군이 궤멸된 것이다.

담배 있냐?

불만 있어.

소수의 러시아군만이 개별적으로 전장을 탈출하는 데 성공했다.

담배 있냐?

들키고 싶냐?

2군 사령관 삼소노프는 자살한 시체로 발견되었다.

이럴 것까지야….

독일군의 피해 규모는 상대적으로 미미했다.

오늘은 맥주 파티다!

독일군은 역사에 남을 대승을 거둔 것이다.

사람들이 벌써 이번 전투를 근처의 유명한 동네인 타넨베르크의 이름을 따서 **타넨베르크 전투**라고 부르더군.

이름 좋네요. 중세 때도 같은 이름의 전투가 있었죠.

힌덴부르크는 단숨에 독일의 영웅이 되었다.

와아!!!

늙었지만 잘생겼다!

MIT IHM

전투 기념 1주년에는 그의 동상이 세워졌고,

나 아직 살 아 있어 ….

와~아!!!

HINDENBURG

전후에는 더 인기가 높아져 바이마르공화국의 대통령이 되기도 했다.

죽은 뒤에는 곧 바로 동전에 얼굴 이 실렸습니다.

그렇다면 전력상 우위에 있던 러시아군이 패배한 이유는 힌덴부르크의 유능함 때문일까?

당연히 그렇기도 하지만, 더 중요한 이유가 있습니다.

땡!

휘 휘

러시아군이 평문으로 무선 전신을 하는 바람에 독일군은 상대의 패를 보고 싸웠다.

러시아군은 보급도 잘되지 않았고 장교들의 자질도 부족했지만, 무엇보다 통신이 문제였습니다.

삼소노프 장군의 작전명령 ….

상대가 내 패를 다 알면 이기기 어렵다.

에이씨!!!

헤이, 개평 받아 가!

짝!

또한 끝까지 도우러 오지 않은 렌넨
캄프의 1군도 패배에 일조했다.

이제 슬슬 출발해 볼까?

이제야…

이에 대해서는 독일군 참모 호프만이 설득력 있는 설명을 제시했다.

으르렁…

사실 렌넨캄프와 삼소노프는
굉장한 앙숙 관계였습니다.

사적인 감정이 전투를
망친 거지요. 저는 그렇게
알고 있습니다.

러일전쟁 때 삼소노프
장군과 불화 끝에
주먹다짐을 한 적이 있다고
하던데요?

누가 그래요?
호프만이?
그 허풍쟁이 독일 놈
말을 믿어요?

물론 렌넨캄프가 인정할 리는 없다.

하지만 타넨베르크의 패배가
불화 때문이 아니었나 하는
의심은 여전히 있습니다.

씩!씩!

타넨베르크 전투에서 승리하고 몰트케가 보내 준 지원 병력으로
보강된 독일군의 사기는 하늘을 찔렀다.

툉!

독일군은 곧 마수리안호 일대에서
렌넨캄프가 이끄는 1군과 결전을
벌였다.

Königsberg

Danzig

EAST
PRUSSIA

마수리안
호수일대

비스와강

Posen

기세를 탄 독일군은 러시아군을 동프로이센에서 완전히 몰아냈다.

일종의 부록 같은 전투였지.

예전에는 렌넨캄프가 참패했다는 게 중론이었다.

헉!

헉!

그러나 최근에는 렌넨캄프가 불리한 와중에 성공적으로 퇴각했다고 평가하기도 한다.

질서 있게 퇴각!

넵!

독일은 승리했지만, 서부전선에서 3개 군단을 빼 온 것이 뼈아픈 후유증으로 다가오게 된다.

괜찮을 것 같은데 ….

타넨베르크 전투 결산 (1914년 8월 26~30일)

지휘관	러시아: 알렉산드르 삼소노프 독일: 에리히 루덴도르프
병력	러시아: 2군 약 23만 명 독일: 8군 약 15만 명
피해	러시아: 사상자 약 8만 명, 　　　　포로 약 9만 명 독일: 사상자 약 1만 5000 명

투투투타타타타

탕!탕!탕!

으~아!!!

쾅!

펑!

▲ 예상외로 기병이 기관총에 돌진하다 전멸하는 일은 거의 없었다고 한다.

프로이센인이 가장 두려워한 코사크

코사크가 동프로이센에 몰려온다는 소식이 들리자, 슐리펜 계획에도 불구하고 독일은 동부전선에 병사를 보낼 수밖에 없었다. 소위 '인맥'이 중요했던 당시 독일에서 동프로이센은 독일의 전통 귀족들의 땅이 많은 곳이었기 때문이다. 그러나 정작 전투에서 코사크는 자신의 악명을 드러내지 못했다. 1차대전에는 코사크보다 악명 높은 것이 있었기 때문이다. 바로 기관총이었다.

7

대퇴각과 마른 전투

존 프렌치

영국군 장교는 당나귀들(donkeys)이라 놀림받았고,
그는 당나귀들의 수장이었다.

독일군은 서부전선에서도, 동부전선에서도 대승을 거뒀다.

와아아아아아!!!

동부전선, 워우!

서부전선, 오케이!

여친 만나러 갈 거야!!!

소개 시켜 줘!

연합국 중에서도 특히 위기에 빠진 나라는 프랑스였다.

우리는 우리 영토로 …

아이고 …

독일군이 직접 들어오는 상황까진 아니었으니까요.

하지만 이런 위기의 순간에서도 영국과 프랑스는 제대로 협조하지 못하고 있었다.

으르렁~

BEF 사령관 존 프렌치는 뒤끝이 있는 사람이었다.

그는 몽스 전투가 한창일 때 퇴각을 결정한 프랑스의 랑허작을 결코 용서할 수 없었다.

개구리나 먹는 놈들에게 영국군의 목숨을 맡길 수는 없다. 어떻게 생각하나?

네, 그게, 저 ….

…

랑허작에게 뒤통수를 맞은 후, BEF는 꾸준히 퇴각하고 있었다.

제대로 된 전투도 한 번 못 했어!

야! 너 의외로 용감하구나?!

이게 뭐야?

추격하는 독일군과 교전하지 말고 신속히 퇴각하라.

무거운 탄약이나 포탄은 버려도 좋다.

전투는 그만 하자는 거군. 아주 단단히 삐졌구먼.

그럼 어디까지 후퇴하는 겁니까?

지금 알 필요 없다. 내가 멈추라고 할 때 멈춘다.

영국에서는 BEF에게 증원군도 보내 줬지만…

이제 뭘 하면 되죠?

후퇴하면 돼.

에에?!

4사단

제9사단

하지만 싸우지 않고 후퇴하는 건 말처럼 쉽지 않았다.

일단 뒤에서 총알이 날아오면 응사할 수밖에 없잖아요?

핑!

BEF 2군단 사령관 스미스-도리언

독일군은 이미 BEF가 후퇴하는 경로의 고지를 장악하고 있었고, BEF 2군단은 적과 교전을 벌여야 했다.

이때만 해도 참호가 얕은 구덩이 수준이었어요.

탕!탕! 타탕

탕! 탕! 탕!

다행히 프랑스 기병 군단의 도움으로 BEF 2군단은 독일군의 공격을 저지할 수 있었다.

탕! 타탕!

으악!

어? 웬일이래?

같은 시각, 존 프렌치는 프랑스군 수뇌부를 만나 회담을 하고 있었다.

현재 영국군은 상황이 어떻습니까?

당신 옆에 앉은 사람이 먼저 도망가는 바람에 우리도 열심히 퇴각하고 있소.

...

아, 그럼 앞으로의 계획은 있습니까?

계획 같은 거 없습니다. 우리 병사들이 너무 지쳤으니 우선 좀 쉬려고 합니다.

이날의 회담은 아무런 성과도 없이 결렬되었다.

큰일이구먼. 퇴각 와중에 서로 손발이 안 맞아서야….

…

하지만 이 시점에서 보면 프랑스군과 영국군은 비교적 '질서 있게' 퇴각하고 있었다.

전열을 유지하고 있으니 아직은 진 게 아니다.

프랑스 놈들 하는 꼴을 보니 앞으로도 희망이 없어.

절레 절레

프렌치 사령관이 좀 과하게 반응한 건 아닐까요?

어떻게 생각 하십니까?

제 생각에도 후퇴하지 않고 싸울 만했습니다.

실은 제가 랑허작 장군에게 연합작전을 제안하기도 했는데요. 프렌치 사령관이 승인을 해 주지 않는 바람에….

BEF 1군단 사령관 더글러스 헤이그

8월 28일에 독일 1, 2군은 파리 근처까지 진격했다.

이 강만 건너면 파리가 눈앞이다.

헥... 헥...

이제 파리가 멀지 않다!

네? 네 ....

스트레스로 불안한 상태 →

프랑스군도 나름대로 수비 태세를 갖추었다.

저라고 아무 생각도 없는 건 아닙니다.

동쪽의 로렌 지역에서는 아직도 프랑스 1, 2군이 독일군의 무시무시한 공격을 막아 내고 있었다.

펑!

펑!

지친다, 지쳐.

저것들은 쉬지도 않나?

탕!탕!탕!

탕!

콰!

탕!탕!

서쪽의 5군을 맡은 랑허작 역시 조프르의 명령에 반발하면서도 자리를 지켰다.

여기서 더 후퇴할 수는 없으니까요.

최서단에는 조프르가 새로 편성한 모누리 장군의 6군이 있었다.

예비군을 모아 급조한 군대지만 쓸 만해요.

밥 먹고 합시다, 아저씨!

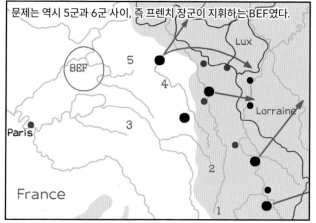

문제는 역시 5군과 6군 사이, 즉 프렌치 장군이 지휘하는 BEF였다.

반격하려 해도 우리 편에 구멍이 뚫려 있으니 환장하겠네.

굵적
굵적
굵적

조프르는 심지어 프렌치를 직접 찾아가서 사정도 해 보았다.

우리와 함께 반격해 달라는 게 아닙니다.

그저 영국군이 현 위치만 사수해 줘도 큰 도움이 되겠습니다.

어디서 개구리가 우나?

개굴!

쾅!

BEF의 빈자리는 생각보다 컸다.

독일군에게 한번 반격이라도 해 봐야지.

넵!

랑허작의 5군은 반격을 개시해 뷜로의 독일 2군과 정면으로 맞부딪쳤다.

진격!!!

투투투투…

타당탕!

탕!

탕탕!

펑!

심지어 독일군을 북쪽으로 약간이 나마 몰아내는 데 성공했다.

끄아!

후퇴!

타당…탕!탕!

쾅!

사격!!!

제가 이래 봬도 꽤 유능한 장군입니다.

하지만 랑허작은 되돌아가야 했다. 측면을 받쳐 줄 부대가 없기 때문이었다.

이게 다 프렌치라는 영국 놈 때문입니다.

그나마 다행인 것은 독일군이 추격해올 생각을 하지 않았다는 것.

우리도 이번 전투에서 타격이 커서 좀 쉬어야 하거든요.

씩! 씩!

한편 여기는 파리.

독일군이 오면 파리를 방어할 수 있습니까?

계엄사령관 갈리에니

무임소장관 게드*

솔직히 무리입니다.

정부를 보르도로 옮기는 게 최선이라 생각합니다.

싸워 보지도 않고 포기하겠단 말이오?

원하신다면 싸울 수는 있습니다. 하지만 이긴다는 보장은 없고, 파리의 파괴를 각오해야 합니다.

* 쥘 게드(Jules Guesde, 1845~1922): 개전 당시 무임소장관(특정한 행정 업무를 담당하지 않는 장관). 사회주의자로 장 조레스와 정치적으로 대립했다.

파리의 파괴가 무서워서 못 싸운다는 건 말도 안 되오!

독일군이 파리에 들어오면 우리 노동자들이 그들에게 총을 쏠 거요!

게드 장관 말이 맞소.

벌떡!

파리가 불바다가 되더라도 적과 싸워야 하오. 갈리에니 장군은 그렇게 아시오.

조프르 원수에게도 그렇게 전하고.

파리의 분위기는 뒤숭숭했다.

위~잉

저게 뭐지?

으~아!!!

위~잉

쾅!!!

삐라를 뿌렸으면 됐지. 폭탄은 왜?

폭탄은 맛보기다. 까불지 말고 항복하라!!!

겁먹고 남쪽으로 피난 가는 사람들도 있었다.

빵!빵!

우리도 걸어 갈까?

너나 그래!

푸앵카레는 회의 직후 러시아군이 타넨베르크에서 대패했다는 소식을 들었다.

동프로이센에서 러시아군 대패, 사령관 삼소노프 자살?!

어떻게 보아도 프랑스는 파멸로 치닫고 있는 것 같았다.

신이시여, 프랑스를 구하소서!

무능하지만 냉정한 조프르는 생각이 달랐다.

모든 게 계획대로 되고 있는 건 아니지만, 너무 걱정할 필요도 없습니다.

타넨베르크 전투요? 물론 러시아가 박살 났지요. 하지만!

독일군도 서부전선에서 병력을 러시아 쪽으로 빼 갔을걸요. 그만큼 우리가 유리해진 거죠.

아!

조프르의 유일한 장점이라면 어떤 곤경에서도
흔들리지 않는 냉정함이었다.

제가 곧 군을
재정비해서 독일군을
격퇴하겠습니다.

…

이걸 진짜
믿어야 하나….

어쩌면 이런 성격이 프랑스를
위기에서 구해 냈는지도 모른다.

쓸데없는 소리!

한편 물 건너 런던에서는…

호외요,
호외!

사상 최고로 치열한
전투라고?

영국군이
위기라는군.

영국의 육군 원수 키치너가 프렌치의
편지를 읽고 있었다.

BEF 사령관 존 프렌치 경이
편지를 보냈습니다.

응?

프랑스군은
당나라 군대라 같이
일 못 하겠습니다.
저는 남쪽으로 후퇴할
계획입니다. 최소한
우리 영국군은
살려야지요.

이런…

저, 죄송하지만 프랑스에 잠깐 다녀오겠습니다.

프렌치를 설득할 수 있는 이는 역시 직속상관인 키치너뿐.

부웅…

좋습니다. 원수님 얼굴을 봐서 일단 파리 동쪽 외곽으로 이동하겠습니다. 그쪽으로 쳐들어오는 독일군은 저희가 막지요.

그거 좋은 생각일세! 프랑스군에게도 그렇게 말해 놓겠네.

계급으로 찍어 누르겠다는 거야, 뭐야?

수고!

잠깐…

반면 독일군은 이미 승전 분위기에 취해 있었다. 클루크의 1군도 예외는 아니었다.

원래 슐리펜 계획에 따르면 우리가 도버해협에 가까이 갔다가, 파리까지 한참 돌아가야 하잖아.

그렇죠.

그런데 과연 그렇게까지 돌아갈 필요가 있을까? 파리로 가는 길목에 장애물도 별로 없어 보이는데 말이야.

2군 사령관 뷜로 장군도 그런 얘기를 하시던데요.

아, 진작 이야기하지 그랬나? 역시 그게 맞겠지?

네, 그렇습니다.

그는 도버해협 근처까지 가서 크게 원을 도는 원래의 슐리펜 계획 대신,

곧바로 파리를 향해 가기로 하고 몰트케의 허락을 받았다.

1군과 2군은 프랑스군을 파리 남동쪽으로 밀어붙여라.

1군은 2군을 비스듬히 뒤따르면서 엄호하라.

이제 남서쪽에는 싸울 상대도 없지. 파리 동쪽에서 연합군 잔당들을 처리하면 그걸로 끝이야.

넵!

그런데 클루크의 병사들은 몹시 지쳐 있었다.

파리도 좋지만 사흘째 굶으면서 하루 평균 30km 행군이라니, 이거 너무하지 않아?

이 더위에 이 복장이 말이 되냐고!

독일군은 왜 굶어 가며 행군했을까?

일단 진격할수록 보급선이 계속 길어지잖아요.

게다가 벨기에군이 다리를 다 파괴하고, 철도를 다 끊어 놓았는데 아직 복구가 덜 됐어요.

아이고 배고파.

어이쿠!

털썩!

장교님도 이젠 걸으셔야겠네.

독일군의 방향 전환은 프랑스군에게 금방 포착되었다.

우리 군이 탈취한 적군 서류에 따르면 독일 1, 2군이 파리 동쪽으로 진격 경로를 변경했습니다.

정말인가? 기만 작전 아닐까?

또 속을 순 없어!

진짜라니까!

얼마 뒤에는 정찰기가 독일군의 이동 모습을 확실하게 포착했다.

독일군은 파리 동쪽으로 가는 게 맞아.

와앙...

적군인가?

몰라, 배고파.

독일군은 파리 동쪽을 향하는 게 맞습니다.

드디어 적군이 측면을 드러냈군.

프랑스군 수뇌부는 드디어 자신들에게도 기회가 왔다는 사실을 알아차렸다.

여기서 독일군과 몰트케는 뭘 잘못 생각한 걸까?

...

첫째, 독일군은 프랑스군과 BEF가 궤멸된 상태로 패주하고 있다고 생각했다. 하지만…

이게 다 프렌치라는 영국놈 때문에….

우리가 국경의 전투에서 패배한 건 사실이지만 궤멸이라니요?

당치 않은 말씀!!!

지난 8월 26일에는 모누리가 이끄는 6군을 창설했고, 29일에는 포쉬 장군이 지휘하는 9군을 만들었습니다.

BEF만 협조해 주면 전선에 구멍은 없습니다.

그럼, 그럼!
맞아, 맞아!

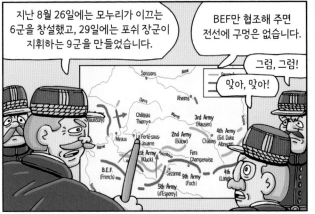

둘째, 현재는 규모 면에서 독일군의 병력이 프랑스군보다 크지 않다.

그건 그렇지. 동부전선으로 빼낸 병력. 벨기에에 남겨 둔 병력 등등….

특히 클루크와 뷜로가 있는 서쪽만 보면, 프랑스군은 모누리의 6군을 창설하면서 더 강해진 상태였다.

물론 BEF가 적극적으로 협력해 줄 때 얘기긴 하죠.

그럼, 그럼!
맞아, 맞아!

이 상황에서 독일군이 우익을 파리의 남동쪽으로 이동하는 건 적에게 측면을 노출하는 행위였다.

아! 그렇구나!

9월 3일, 클루크의 1군은 마른강을 건넜다.

같은 날 뷜로의 2군은 랭스를 점령했다.

이제 파리까지 며칠 남지 않았습니다.

활활...

이제 프랑스의 궤멸이 눈앞에 다가온 듯 보였다.

그러나 몰트케는 여전히 고민이 많았다.

자넨 무슨 걱정이 그리 많은가? 모든 것이 계획대로 아닌가.

...

이제 개전 35일째인데 우리 군은 파리에 입성하기 직전이네. 슐리펜 계획과 딱 들어맞지 않나?

그런데 뭔가 찜찜한 구석이 있거든요.

찜찜하긴 뭐가 찜찜해. 적군은 이미 궤멸되었는데.

진짜로 적군이 궤멸되었다면 왜 이렇게 포로가 적은 겁니까?

!

지금까지 우리가 사로잡은 프랑스군이 약 4만 명이니까, 좀 적은 편이긴 하네요.

서부전선의 프랑스군이 100만 명 이상인데, 궤멸되었다면 포로가 10만 명 이상은 나와야지.

뻘떡!

게다가 적군이 버리고 간 무기도 굉장히 적어요. 무거운 대포를 거의 다 끌고 갔다니까요.

그래서 하고 싶은 말이 뭔가?

적군은 궤멸되지 않았습니다.

질서 있는 퇴각 후에 반격을 도모하는 게 틀림없습니다.

그게 무슨….

몰트케는 독일 1, 2군에게 멈추라는 메시지를 보냈다.

이거 부대 지휘관들에게 전달해!

이미 늦었는지도 몰라.

…

육군장관 팔켄하인조차도 몰트케가 제정신이 아니라고 생각했다.

승리를 거머쥘 마지막 문턱에서 멈춰 서라니. 이제 몰트케도 맛이 갔군.

내가 돌았다는 거요?

아니, 그게 아니고….

이렇게, 이렇게 하는 거 다 봤어!

장군이 어떻게 생각하든 좋소. 더 큰 문제는 이번 명령이 너무 늦지 않았나 하는 거요.

오늘의 일기.

여보, 오늘 날씨가?

맑음.

쩝…

1914년 9월 4일 맑음
몰트케 총장은 완전 겁먹었다. 카이저가 잘라주면 좋을 텐데…
그럼 내가 참모총장?!

한편 9월 4일 조프르는 오랫동안 미뤄 놓았던 과제를 해치웠다.

인사이동을 발표한다. 3군 사령관에 뤼피 대신 사레이유, 기타 군단장 절반과 사단장 절반 해임. 포쉬, 페탱 승진…

5군 사령관에 랑허작 대신 프랑세 데스페레.

헉!

랑허작은 유능한 장군 아닌가요? 자르기엔 아까운데요?

유능하고말고. 상관의 말을 안 들어서 그렇지.

나는 결전을 앞두고 시계 톱니바퀴처럼 정확하게 명령을 수행할 부하가 필요하네.

잘린 게 억울하긴 하지만 조프르의 입장도 이해는 돼요.

오히려 잘됐어, 여보.

뭐라고 따진들 조프르가 들을 것 같지도 않고요.

조프르는 **최후의 공격**을 준비했다.

9월 6일 오전, 전군은 독일군 침략자에 대한 공격을 개시한다.

넵!!!

9군 사령관 포쉬

5군 사령관 데스페레

파리의 프랑스 정부는 이미 보르도로 이전한 상황. 국방장관 밀레랑은 갈리에니에게 파리를 끝까지 지키라고 명령했다.

'끝까지'라는 단어의 의미를 알고 하시는 겁니까?

센강의 모든 다리와 파리에 있는 모든 문화유산의 파괴를 각오하라는 뜻인 걸 아십니까?

'끝까지'가 맞습니다.

알겠습니다. 그렇다면 모든 준비는 끝났습니다.

9월 5일 새벽. 독일 1, 2군은 이미 파리로 행군을 시작하고 있었다.

이때 행군을 중지하라는 몰트케의 메시지가 도착했다.

긴급 전문입니다!

① 1, 2군이 공격했던 적들은 아직 멀쩡하다.

② 적들은 1, 2군의 우측을 공격하기 위해 이동하고 있다.

③ 1, 2군은 진격을 중지하고 적들의 기습에 대비하라.

프랑스군이 역습을 할 거라고? 패잔병들이 무슨 힘으로?

그러게 말입니다.

독일군이 멈추지 않자 몰트케는 부하인 헨치 중령을 클루크에게 직접 보내 이유를 설명했다.

지금 로렌전선도 지지부진하고요.

여러 증거로 볼 때 프랑스군과 BEF가 전열을 정비 중인 건 확실합니다.

그럼 파리를 코앞에 두고 다시 마른강을 건너 뒤로 돌아가란 말이오?

네, 유감스럽게도 여기 있으면 포위당할 위험이 있습니다.

알았소. 젠장… 내일 아침에 퇴각을 시작하리다.

너무 급하게 가실 필요는 없습니다.

프랑스군의 준비도 모두 끝났다.
딱 한 가지만 빼고는…

BEF에서
연락 왔나?

아뇨,
아직입니다.

덜컹!

상관 키치너의 간곡한 부탁
(을 가장한 명령)을 받고도
프렌치는 움직이지 않았다.

BEF 사령관은
나라고!

자네 부하 중 운전 제일
잘하는 친구를 데려오게.

넵.

조프르는 직접 프렌치를
찾아가기로 했다.

와앙!

덜컹!

들어가시면
안 됩니…

아니,
웬일이십니까?

제 말을 좀
들어주십시오!

엥?!

지금은 과거의 모든 일을 잊어 버리고, 우리 생명에 대한 애착도 잊어 버리고

오직 적들을 섬멸할 생각을 해 주십시오!

사령관님! 지금 영국의 명예가 각하의 손에 달려 있습니다!

쿵!

어느 순간 조프르의 뺨에도, 프렌치의 뺨에도 눈물이 흐르고 있었다.
프렌치는 프랑스어로 무슨 말을 하려다가 포기했다.
그리고 윌슨에게 말했다.

제장, 뭐라 설명할 수가 없군. 조프르 장군에게 원하시는 대로 다 하겠다고 전해 주게.

알겠습니다.

아, 내일 오전 6시는 무리고 10시쯤부터 공격을 시작할 수 있을 것 같습니다.

상관없습니다. 내일 총공세에 각하가 합류하신다는 약속으로 충분합니다.

이로써 대결전을 위한 모든 준비가 끝났다.

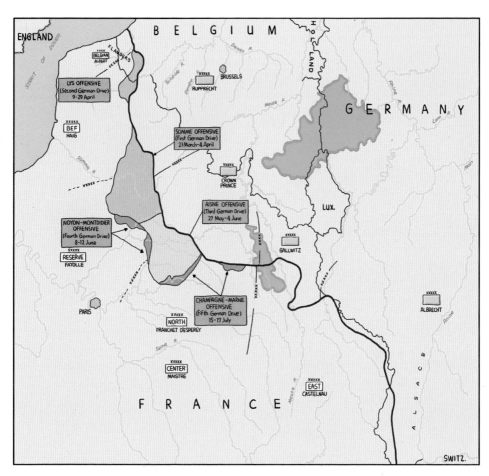

1914년 9월 6일 오전 6시, 파리 동쪽 마른강 일대.

공격은 정확히 6시 정각에 시작되었다.

펑! 펑! 펑!
펑! 펑!

발사!!!

클루크는 이미 반격이 있을 거라는 이야기를 들었기 때문에 포격에는 놀라지 않았다.

쾅!
콰쾅!

생각보다 빨리 시작하는군.

하지만 독일 1군의 우측에 위치한 모누리의 6군이 의외로 강해서 놀랐다.

쾅!

현재 우리 군의 우익이 10km나 후퇴 중입니다!

오, 생각보다 센데.

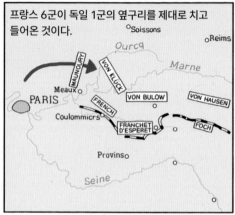

프랑스 6군이 독일 1군의 옆구리를 제대로 치고 들어온 것이다.

Soissons
Reims
Ourcq
Marne
MAUNOURY
VON KLUCK
Meaux
PARIS
VON BULOW
VON HAUSEN
FRENCH
Coulommiers
FRANCHET D'ESPERET
FOCH
Provinso
Seine

측면이 뚫리면 최악의 경우에 전멸당할 수도 있다.

일단 그쪽부터 막아야겠네. BEF를 상대하는 중앙군 일부를 우익으로 보내도록 하게.

그럼 BEF는 어떻게 상대하려고 ….

전투가 시작된 첫날, 프랑스군은 굉장히 잘 싸웠다.

펑! 쾅!

타타타타타

발사!!!

탕!탕!탕!

이번에야말로 '국경의 전투'를 복수하고 말겠다.

타탕!

탕!

탕!

프랑스의 각 군은 튼튼히 자리를 지켰고, 랑허작 대신 들어간 데스페레의 5군은 독일군의 일부 거점을 탈환하는 데 성공했다.

으~아!

탕!탕!탕!탕!

독일군 측면을 노리는 모누리의 6군은 특히 골칫거리였다.

2군에서 두 개 연대만 이쪽으로 보내 줘!

이쪽 모누리란 놈이 생각보다 너무 세!

쾅!

콰광!

그럼 이쪽은 어떡하라고?

해 주긴 해 주는데 나중에 여기가 뚫리면 자네 책임일세!

클루크가 아랫돌 빼서 윗돌 막은 효과는 서서히 나타났다.

5군 정면의 적군이 생각보다 약해 보입니다.

이쪽은 갑자기 적군이 불어나서 죽을 맛이네.

탕!

타탕!

쾅!

콰광!

전쟁이 벌어지던 시간,
계엄사령관 갈리에니는 독특한
방법을 사용해 증원병을 보냈다.

파리에
있는 군인을
전장까지
보내는 가장
빠른 방법은?

바로 수백 대의 택시를 이용해 군인들을 실어 나르는 것이었다.

최송합니다. 이 차는
전쟁터로 갈 거라서 ….

아! 당연히 양보해야죠.

600대의 택시가 전선까지 두 번 왕복하면서 6,000명의 병사를 실어 날랐다.
이들의 목적지는 대부분 모누리의 6군이었다.

와아!
이기고
돌아오라!

하지만 클루크의 1군을 막아 내기에는 역부족이었다.

후퇴!

후퇴!

쾅!

타타타타! 탕! 탕!

펑!

너희만 증원된 게
아니지. 우리도 2군에서
병력을 빼 왔다고.

그러나 클루크가 과감하게 모누리를 추격하자,
뷜로와 사이가 너무 벌어졌다.

모누리 이놈,
게 섰거라!

이게 웬 공터냐.

BEF가 빈틈을 뚫고 들어가자 클루크는 하는 수 없이 퇴각해야 했다.

퇴각하라!

핑!

전세는 역전되었고, 이제 승부수가 필요한 건 독일군이었다.

이 상태면 머지않아 1군은 BEF에게 돌파당할 겁니다.

그럼 2군도 위험해지고, 전선 전체가 연쇄적으로 타격을 받습니다.

뭔가 수를 내지 않으면 안 됩니다.

헉헉!

현재 적군의 중앙에 있는 포쉬의 9군이 가장 약해 보입니다.

3군의 하우젠과 제가 중심이 되어 이곳을 돌파하겠습니다.

좋은 생각입니다!

독일군의 공격은 정말로 매서웠지만

핑!

핑!!!

프랑스군은 뚫리지 않았다.

위치를 사수하라!!

핑! 탕!타당탕탕!

콩!

탕!탕!

크억!

다음 날인 9월 9일에도 전투는 계속되었다.

뷜로 장군님께서 연락하셨습니다.

우리는 이제 마른강을 넘어 퇴각한다. 질서정연하고 빠르게 움직이도록.

네?!

이대로 전황이 지지부진하면 우리 사이로 파고드는 BEF 때문에 전멸당할지도 모른다.

뷜로의 2군은 후퇴하기 시작했고, 그가 퇴각하면서 1군과 3군도 포위당할 위험에 빠지게 되었다.

우리도 후퇴할 수밖에 없겠지.

네, 그럴 수밖에 없겠네요.

독일군은 이날부터 9월 13일까지 비참하게 후퇴했다.

독일군은 마른강을 한참 지나 수아송과 랭 너머로 퇴각했다. 100km나 뒤로 돌아간 것이다.

독일군은 엔강을 넘어 후퇴했는데,

엔강은 약 30m 폭에 3~4m 깊이로, 진격하는 입장에서는 상당한 장애물이었다.

시원하다.

물놀이하고 싶당.

엔강 북쪽에는 경사면이 있어 방어용 진지를 구축하기도 좋았다.

독일군은 엔강에서 북쪽으로 6km 정도 떨어진 곳에 진지를 구축했다.

독일군을 가장 먼저 추격한 것은 BEF였다.

덜컹덜컹…

9월 14일 아침, 집결한 영국군을 향해 독일군이 공격을 시작했다.

탕!탕! 타타타탕!
투투투투투투!

영국군은 반격했지만, 참호를 갖추고 있는 독일군의 진지는 너무나 강력했다.

탕! 탕!

타타타탕!
투투투투

이날의 전투 이후 영국군 수뇌부도 참호의 유용성을 인정했다.

이제 우리도 참호를 파야겠네.

탕! 타탕!

아무리 봐도 그럴죠?

1914년 9월 14일. 서부전선에서 본격적으로 참호전이 시작된 날이다.

군대는 삽질이지!

아직은 좀 어설프지?

양쪽이 다 참호를 파고 싸우기 시작하자, 전선은 고착되기 시작했다.

이제 돌격전의 시기는 지나갔습니다.

엔강 일대에서만 2~3주를 교착 상태로 보내던 양군은…

먼저 서쪽으로 진격해 상대의 옆구리를 찌른다는 발상에 이르렀다.

이것이 여름휴가 장면이면 좋겠지만·

내 말이!

양쪽은 조금이라도 빨리 서쪽으로 전진하기 위해 경쟁적으로 참호를 팠다.

영차!

영차!

군대는!

삽질!

물론 그 와중에 계속 서로 교전도 했다.

삽질 중에 포 쏘기 있기, 없기?!

쾅!!!

이 전투와 삽질을 통틀어 '바다를 향한 경주'라고 부른다.

바다가…

보인다!!!

이는 정말로 북해 연안에 가서야 멈췄다.

헉! 헉!

해수욕?

안돼!

총이 그립다.
삽 말고.

헉! 헉!

극적인 마른 전투는 결국 '바다를 향한 경주'로 끝났다.

이제 역사상 가장 지루한 교착 상태가 시작되었다.

팬레터와 선물들
→

전투 때보다 더 바쁘네.

장군님이 좀 나눠 주시겠죠?

'국경의 전투'를 대차게 말아먹은 조프르는 어느새 마른강의 영웅이 되었다.

팬 서비스는 확실해야지.

그것은 바로, 승리다!

넵!

반면 몰트케는 독일군에게 마지막 명령을 내렸다.

편지 내용: 독일군은 이제 전선에 요새를 쌓고 방어하도록 하게.

제가 패배의 책임을 지고 물러나게 됐거든요. 대신 팔켄하인이 참모총장이 되었답니다.

방긋!

급박한 순간은 지나갔다.

마른 전투 결산 (1914년 9월 6~12일)

지휘관   프랑스: 조제프 조프르, 조제프 갈리에니
           영국: 존 프렌치
           독일: 헬무트 폰 몰트케

병력   프랑스: 64개 사단, 영국 6개 사단 총 107만 1000명
           독일: 51개 사단 총 90만 명

피해   프랑스: 사상자 약 25만 명
           영국: 사상자 약 1만 3000명
           독일: 사상자 약 25만 명

이제 전 세계의 수많은 병사를 사지로 몰아넣은 대전쟁이 시작된다.

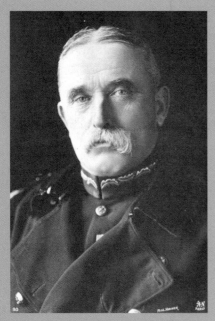

▲ 클라크 때문에 오명을 얻었지만 자업자득일지 모른다.

영국군 장교들은 정말 당나귀들이었을까?

"사자(영국군 병사)를 지휘하는 당나귀(영국군 장교)"라는 표현은 앨런 클라크가 쓴 Donkeys의 서문에 등장한 루덴도르프와 호프만의 대화를 통해 유명해졌다. 하지만 이 대화는 출처가 없으며 클라크가 만들어 낸 장면이라는 것이 정설이다. BEF의 역할과 성과를 감안하면 이런 평가는 지나치게 가혹할지도 모른다. 한편 프렌치는 1919년에 1914년을 기념하는 회고록을 출간했는데 애스퀴스와 헤이그 모두 부정확한 정보를 지적했고 스미스-도리언은 "대부분 허구인 어이없는 작품"이라고 평했다.

제1차 세계대전 2

다음 권 예고

크리스마스 휴전

독일군과 영국군이 무기를 내려놓고 축구를 했다?

궁극의 전쟁사 戰

제1차
세계대전 1

1판 1쇄 인쇄 2023년 10월 20일
1판 1쇄 발행 2023년 11월 8일

글 곽작가
만화 김수박
펴낸이 김영곤
펴낸곳 ㈜북이십일 레드리버

콘텐츠개발본부 이사 정지은
웹콘텐츠팀 팀장 배성원
책임편집 유현기
외주편집 최준석편집
디자인 이찬형
출판마케팅영업본부장 한충희
마케팅1팀 남정한 한경화 김신우 강효원
출판영업팀 최명열 김도연 김다운
제작팀 이영민 권경민

출판등록 2000년 5월 6일 제406-2003-061호
주소 (10881) 경기도 파주시 회동길 201(문발동)
대표전화 031-955-2100   이메일 book21@book21.co.kr
내용문의 031-955-2746

ISBN 979-11-7117-180-4 04900